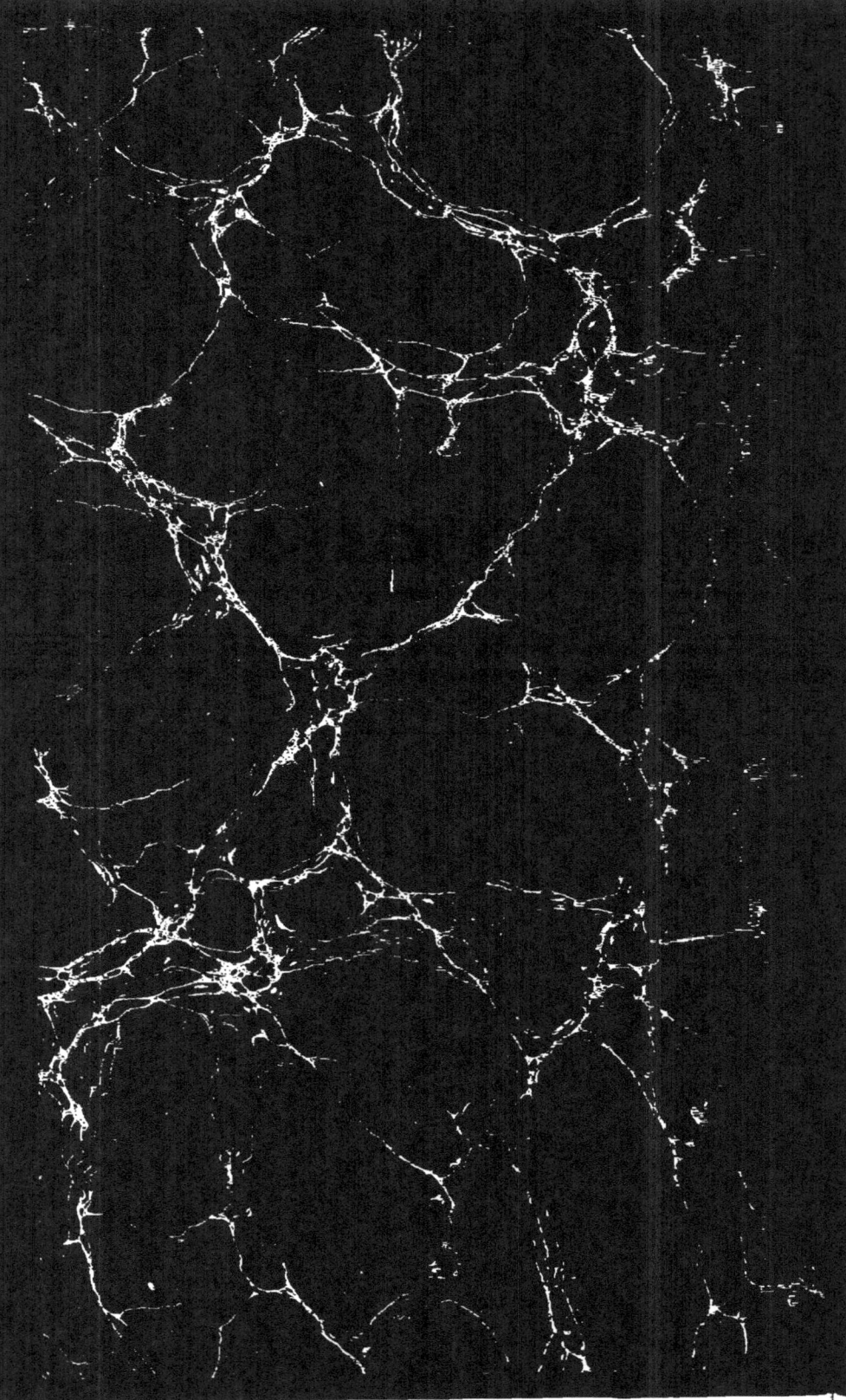

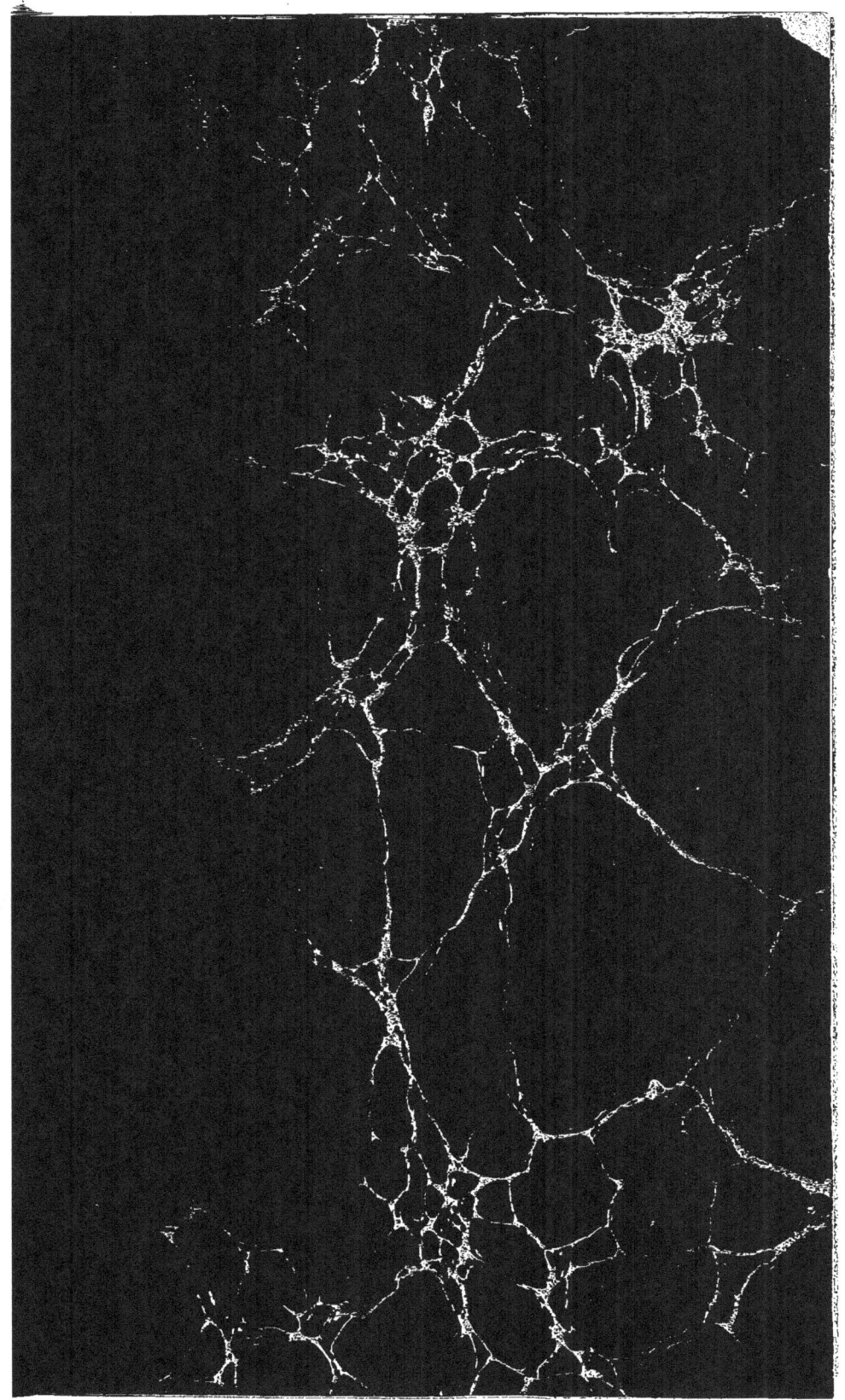

Consultable aussi sur microfi. de mm cote

MF
P95/003249

SALON
D'HORACE VERNET.

Tous débitans d'exemplaires non revêtus de la signature de l'éditeur, seront poursuivis comme contrefacteurs.

SALON
D'HORACE VERNET.

ANALYSE
HISTORIQUE ET PITTORESQUE
DES QUARANTE-CINQ TABLEAUX
EXPOSÉS CHEZ LUI

EN 1822.

Par Mrs JOUY et JAY.

*Præfulgebant.... Eo ipso quòd effigies
eorum non visebantur.* TACIT.

Ils n'y parurent pas.... Ce qui les fit
remarquer davantage.

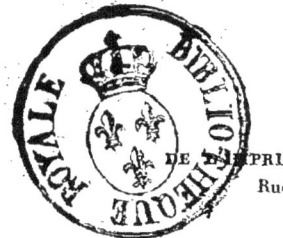

DE L'IMPRIMERIE DE BAUDOUIN FILS,
Rue de Vaugirard, n° 36.

PARIS.
PONTHIEU, LIBRAIRE-ÉDITEUR,
PALAIS-ROYAL, GALERIE DE BOIS, N° 252.

1822.

PRÉAMBULE.

L'école de Peinture française, guidée par un grand Maître, avait retrouvé toute la pureté des formes, toute la sagesse, toute la grâce antique. La science du dessin, la vigueur du coloris, s'étaient, comme par miracle, combinées avec la beauté de l'expression, avec le goût et la simplicité des conceptions premières. La même École avait vu se former sous le même maître les Gérard, les Girodet, les Gros, les Guérin, les Prudhon et les Hersent : genres de talent si remarquables en eux-mêmes et si prodigieux par leur diversité.

Tandis qu'un général français passait les Alpes comme Annibal ; tandis que nous gagnions autant de victoires en vingt-cinq ans, que les Romains en plusieurs siècles, nos peintres nous donnaient un autre empire ; la pensée philosophique du Poussin, les heureux contours du Corrège, le goût gigantesque de Buonarotti, la délicate et tendre simplicité de Raphaël et du Guide renaissaient au sein de la même école sur les toiles de nos Musées.

Ce n'est pas tout : la même chaleur fécondait des talens d'un autre genre. L'école de

Lyon donnait à cette imitation de la nature, si recherchée des Flamands, quelque chose de naïf, de noble et d'intéressant : les Révoil prêtaient les charmes d'une touche fidèle et brillante à ce qu'il y a d'aimable et de gracieux dans les souvenirs de l'ancienne France : heureuse illusion, permise seulement aux beaux-arts qui vivent de mensonge, et qui devient pour eux une espèce de Mythologie.

Dans un ordre bien plus élevé, mais aussi nouveau, M. Horace Vernet annonçait à la fois la facilité de pinceau de Sébastien Bourdon, la fougue et le coloris de Rubens, cette étude anatomique du plus noble des animaux, étude qui distingue son père, et cette touche délicate, cette observation de la nature physique qui caractérisaient son aïeul. Déjà plusieurs morceaux d'un talent supérieur avaient laissé deviner son aptitude à saisir les émotions de la vie militaire, les scènes tumultueuses des camps, les convulsions de la nature, en un mot tout ce qui élève l'ame et tout ce qui l'agite.

Les dernières expositions avaient accoutumé le public français à des chefs-d'œuvre; il en attendait de nouveaux à l'exposition de 1822, qui avait été retardée d'une année entière. Il a vu avec dépit et surprise les efforts malheureux de quelques hommes de talent, et l'insignifiance d'un grand nombre d'ouvrages. Il a remarqué avec une inquiétude mêlée de dédain, plusieurs productions empreintes du malheureux cachet des Boucher, des Vanloo, une innombrable collection de portraits, parmi lesquels deux seulement sont dignes du pinceau célèbre qui les a tracés. Artistes, littérateurs, gens du monde: tous ont dû s'effrayer de la destinée de l'art en France; tous se sont demandé si parmi tant de décadences, il fallait aussi compter celle de la peinture; si le génie des arts et le génie des armes avaient fui d'un même essor; si toutes nos gloires avaient trouvé le même tombeau.

Dans ce Musée, si riche de cadres et si pauvre de tableaux, quelques-uns avaient néanmoins fixé l'attention; et dans ce petit nombre s'en trouvait un de M. Horace Vernet, le seul que le plus fécond de nos peintres eût exposé cette année aux Salons du Louvre. Ce Tableau, hommage pieux adressé par le petit-fils à la mémoire de son aïeul, ne semblait placé au milieu de tant de productions insipides, que pour piquer la curiosité publique. Qu'était devenue cette heureuse et brillante rapidité de pinceau qui distinguait ce jeune artiste? D'où pouvait naître ou cette paresse inexcusable ou cette stérilité subite? Notre histoire avait-elle perdu le charme pittoresque dont il s'était fait l'heureux interprète; ce talent souple et plein d'éclat qui avait habilement reproduit nos triomphes, n'avait-il pu leur survivre, et s'était-il évanoui tout-à-coup !

Telles étaient les questions qu'on s'adressait, à l'ouverture du Salon; mais bientôt on apprend qu'Horace Vernet, au lieu d'avoir brisé ou abandonné ses pinceaux, avait, dans l'espace de trois années, terminé trente-quatre compositions de divers genres, dont plusieurs étaient regardées comme ses chefs-d'œuvre. L'admiration des artistes admis dans l'atelier du peintre, ne tarda pas à transpirer dans le public : on sut que deux de ces tableaux étaient spécialement consacrés à la gloire nationale; et que tous formaient entre eux, malgré la différence des genres, une espèce de galerie Française. La curiosité se nourrit et s'augmenta de ces rumeurs; et si l'on s'était étonné de l'inaction prétendue de l'habile artiste, on s'étonna bien davantage de l'insouciance avec laquelle il semblait se dérober volontairement à sa propre gloire, et priver le public d'un plaisir auquel il l'avait accoutumé.

Mais d'étonnement en étonnement l'on parvint à la vérité. Le jury (qui voudrait en vain rejeter sur l'autorité supérieure l'odieux ou le ridicule d'une pareille mesure) avait refusé les deux principaux tableaux du peintre; et, sur ce refus, qui outrageait son talent et compromettait les intérêts de sa réputation, Horace Vernet avait résolu de n'exposer de toutes ses productions, que celle qu'il avait offerte à la mémoire de son aïeul, et qui, d'ailleurs, ne lui appartenait plus.

Faut-il donc que la politique frappe aussi de réprobation jusqu'aux plus innocentes et aux plus brillantes facultés de l'homme? Ne saurait-elle se contenter de faire peser son niveau de plomb sur les choses réelles de la vie, et nous interdira-t-elle les jouissances de l'imagination? Où se réfugiera la liberté si elle est chassée de l'atelier du peintre, et dans quelle barbarie sommes-nous prêts à retomber, si l'on parvient à étouffer l'indépendance de ces beaux-arts, qui servent de consolation, d'ornement, et quelquefois même de soutien aux institutions les moins libres?

On objectera peut-être que certains souvenirs, personnifiés aux regards, ont leur danger, et que les passions peuvent être plus violemment excitées par un tableau que par un discours: mais de quoi s'agissait-il donc? d'un portrait formidable? de l'apothéose d'un grand homme? Non. Ces tableaux, rejetés impitoyablement, rappelaient deux époques mémorables de notre histoire contemporaine. L'un représentait la bataille de *Jemmapes*; l'autre, la défense de la *barrière de Clichy*. L'auteur avait saisi et rapproché, par un ingénieux et triste contraste, les deux points extrêmes de notre gloire militaire : c'était le premier élan et le dernier soupir, non pas de notre courage, mais de notre fortune. D'un côté, tout le bonheur, tout l'éclat d'une audace jeune et brillante; de l'autre, la noble obstination et la dernière tentative de la valeur malheureuse et trahie, que le roi lui-même avait récompensée dans la personne de quelques soldats citoyens qui avaient eu la part la plus honorable à cette triste journée.

Que penser de ceux que l'ombre même de notre grandeur importune ? N'est-on pas tenté de se rappeler ici ce maître-d'hôtel d'Alexandre, qui ne pouvait recevoir sur sa tête chauve un rayon de soleil, sans frémir de tout son corps? Ne lui ressemblent-ils pas beaucoup, ces hommes, qui ne peuvent, sans être attaqués d'un frisson mortel, soutenir un seul rayon de notre gloire nationale?

Les connaisseurs, auquel l'atelier de M. Horace Vernet est ouvert, jugeront, en dernier ressort, la sentence d'un jury si profondément politique : pour nous, nous croirons avoir rempli la tâche que nous nous sommes proposée, si nous donnons aux personnes, que l'éloignement ou d'autres circonstances empêchent de venir admirer ces belles productions de l'art moderne, une faible idée de leur effet et de leur grand caractère. Quant à ceux qui sont assez heureux pour jouir de la vue de ces chefs-d'œuvre, cette notice pourra leur servir d'explication, dans l'examen des détails intéressans de la plupart de ces tableaux. Trop heureux si nous pouvions peindre avec des mots, comme Vernet avec sa brillante palette; si nous pouvions lui emprunter quelques-unes de ces expressions franches et naïves, de cet abandon, et de cette fougue de pinceau; de cette variété toujours séduisante, toujours vraie, toujours nouvelle; qui lui mériteront peut-être un jour le titre de Voltaire de la peinture, et qui le distinguent parmi les artistes que nous possédons, et parmi ceux dont nous révérons la mémoire.

La description de quelques tableaux qui ne font plus partie du salon de M. Horace Vernet, complétera notre ouvrage. Ainsi, dans cette galerie consacrée au plus varié des peintres, il ne se trouvera point de lacune considérable; et l'on pourra porter un jugement raisonné sur l'ensemble de tant de travaux, et sur le pinceau qui leur a donné naissance.

Ajoutons ici, que l'exposition du Salon de M. Horace Vernet est entièrement désintéressée ; que les offres les plus séduisantes lui ont été faites, et qu'il les a rejetées par le sentiment d'une délicatesse peut-être exagérée.

SALON D'HORACE VERNET.

[N° I.]

BATAILLE DE JEMMAPES.

Ainsi la Liberté prophétise la Gloire ;
Salut, peuple nouveau! Tu verras la victoire
S'unir comme une amante à tes jeunes destins.
(Masson.)

Ce nom de Jemmapes, devenu historique, rappelle l'un des plus glorieux souvenirs de la révolution française. Nos bataillons, à peine organisés, avaient montré à Valmy le sang-froid, la calme intrépidité qui semblent n'appartenir qu'à des guerriers soumis aux lois d'une sévère discipline, formés par une longue habitude à la fatigue des camps et au mépris du danger; ils déployèrent, pour la première fois, à Jemmapes cette ardeur impétueuse, ce courage irrésistible qui nous ont valu tant de victoires, et qui ont illustré jusqu'à nos derniers revers.

L'expédition de Dumouriez en Belgique peut être considérée comme le premier essai de cette nouvelle tactique, de ce système de grande guerre, perfectionné par le génie de Napoléon et qui a porté nos drapeaux dans presque toutes les capitales de l'Europe. Sous ce point de vue, la bataille de Jemmapes commence une mémorable époque. C'est le point de départ d'une gloire immense qui a couvert le monde, qui protége encore la patrie désarmée, et qui ne laisse pas notre avenir sans espérance.

La bataille de Jemmapes réveille encore d'autres pensées. L'issue de cette grande journée confirme une vérité importante ; c'est que le sentiment du patriotisme, l'amour de la liberté élèvent les peuples au-dessus d'eux-mêmes, détruisent, comme par enchantement, les molles habitudes d'une société corrompue, donnent de l'énergie, même aux ames vulgaires, et produisent ces actes de dévouement à la patrie, ces sacrifices héroïques qui, dans les récits de l'antiquité, nous paraissaient autrefois fabuleux.

Ajoutez à ces réflexions la situation d'un peuple généreux dont l'indépendance est menacée ; triomphant au dehors, déchiré au dedans par la fureur des factions ; livrant ses destinées au fanatisme d'audacieux tribuns qui se précipitent avec lui dans les déplorables excès de la licence ; réduit à préférer l'anarchie qui se dévore elle-même au joug injurieux de l'étranger, et rachetant toutes ses misères par les prodiges de sa gloire. Tel était l'étonnant spectacle qu'offrait la nation française, à l'époque où ses guerriers ouvraient cette carrière de triomphes, qui déjà frappait l'Europe de terreur et d'admiration. Au bruit des vieilles institutions qui s'écroulaient de toutes parts, s'élevèrent les premiers chants de victoire, et tous les cœurs français tressaillirent au nom glorieux de Jemmapes.

Les premiers trophées de la liberté devaient enflammer le pinceau de l'artiste, dont le talent, consacré à la gloire nationale, saisit tout ce qu'il y a d'intérêt et de noblesse dans les cicatrices d'un vieux guerrier; soit qu'il se livre à des pensers mélancoliques sur la tombe récente de ses compagnons d'armes, soit qu'il suspende sous le chaume son sabre d'honneur, soit qu'il cultive le sol sacré que sa vaillance a défendu.

Il n'est donc pas surprenant que le tableau de la bataille de Jemmapes soit l'un des plus beaux que nous devions à la verve brillante et aux nobles inspirations de M. Horace Vernet. Cet ouvrage honore l'École française; mais pour bien le comprendre, il est nécessaire d'avoir une idée précise du grand événement qui en est le sujet.

Ce fut le 6 novembre 1792 que le général

Dumouriez résolut d'attaquer l'armée autrichienne commandée par le duc Albert de Saxe-Teschen, gouverneur des Pays-Bas. Dumouriez rassemble ses bataillons. « Géné-
» raux, officiers, soldats, leur dit-il; fiers
» républicains, vous tous, mes braves cama-
» rades, nous allons entrer dans la Belgique
» pour repousser et chasser des ennemis bar-
» bares. Pénétrons dans ces belles provinces
» comme des amis, des frères, des libéra-
» teurs; montrons de la clémence envers les
» prisonniers de guerre et de la fraternité en-
» vers les habitans du pays. »

Ces paroles excitent l'enthousiasme, et des chants de liberté appellent la victoire sous les drapeaux français.

L'armée autrichienne occupait une position formidable en avant de Mons. Sa droite était appuyée au village de Jemmapes, sa gauche à celui de Cuesmes. Tout le front de cette ligne, établi sur une montagne boisée, était protégé par des retranchemens, par de nombreuses redoutes et des batteries disposées en amphithéâtre sur le penchant des hauteurs. Des tranchées, des abattis pratiqués sur les talus, multipliaient encore les obstacles et les dangers. Les ennemis, pleins de confiance, ne doutaient point que la valeur française ne vînt échouer au pied de ces retranchemens, que la nature et l'art contribuaient à rendre inexpugnables.

Les Français, impatiens d'aborder l'ennemi, demandaient le signal de l'attaque. Dumouriez, pour les éprouver, manœuvra d'abord sous le feu des Autrichiens. C'est alors qu'assuré de l'intrépidité de ses troupes et de la précision de leurs mouvemens, il fixa le moment de l'attaque.

Le général Ferrand commandait la gauche de l'armée; l'aile droite était sous les ordres du général Dampierre. Dumouriez demeura au centre, pour diriger avec plus de facilité l'ensemble des mouvemens. Le duc de Chartres, aujourd'hui duc d'Orléans, commandait sous lui. Ce jeune prince se faisait remarquer par un maintien noble et assuré; le feu qui brillait dans ses yeux annonçait le sang de Henri IV; il paraissait fier de faire ses premières armes contre l'étranger sous les drapeaux de la patrie. Là, se trouvaient encore Macdonald, qui, depuis, immortalisa les bords de la Trébie; Beurnonville, qui doit une honorable mémoire à ses premiers efforts pour l'indépendance nationale; le général Harville dont la renommée brille d'un éclat sans nuages; l'amazone Fernig, la *Clorinde* de l'armée française, et l'infortuné Drouet qui arrosa de son sang les premières palmes de la liberté.

Le signal est donné. A midi précis toute l'infanterie se forme en colonne, en chantant les hymnes de la patrie. Le village de Quaregnon, qui protégeait Jemmapes à la droite de l'ennemi, avait déjà été emporté par l'adjudant-général Thouvenot, sous les ordres du général Ferrand. Déjà il insulte Jemmapes et tout le flanc droit de l'ennemi. Bientôt le général Ferrand s'avance au-delà de Quaregnon; mais des prairies marécageuses, coupées de fossés, retardent sa marche. Forcé d'abandonner son artillerie, il attaque, et emporte à la baïonnette les hauteurs de Jemmapes. Ce général, dont l'âge n'avait pas ralenti l'ardeur, s'expose aux plus grands dangers; son cheval, frappé à mort, s'abat sous lui; il reçoit à la jambe une forte contusion, se relève, se place à la tête des grenadiers, et continue l'attaque avec une bravoure inaltérable. A la droite, Beurnonville se trouve un moment compromis; débordé par six bataillons ennemis, il est exposé au feu meurtrier de cinq redoutes, établies près du village de Cuesmes. Dans ce moment critique, le brave Dampierre accourt à la tête du régiment de Flandre et des bataillons de Paris; il aborde les six bataillons ennemis, les culbute, les disperse, enlève les deux premières redoutes où il entre le premier, tourne leurs canons contre les Autrichiens, rend à Beurnonville la liberté d'agir, et fait seize cents prisonniers.

La droite de l'ennemi se trouvait enlevée; son corps de bataille était tourné et pris à revers. Alors, Dumouriez donna au centre l'ordre de marcher en avant. « Voilà les retranchemens » de l'ennemi, dit-il à ses soldats, ne vous » servez que de l'arme blanche et de la ter- » rible baïonnette; c'est l'arme des Français » et de la victoire. » Les soldats, animés par l'énergie de ces paroles, s'avancent au pas de charge, sous le feu des redoutes ennemies. Cependant plusieurs bataillons emportés par leur ardeur perdent leur alignement. Quelques colonnes, exposées aux décharges meurtrières d'une mitraille à demi-portée, hésitent et sont près de se rompre. Déjà la cavalerie ennemie s'élance pour déborder dans la plaine et charger en flanc nos colonnes ébranlées. Dumouriez, qui aperçoit le danger, envoie le duc de Chartres pour rétablir l'ordre. Le jeune prince arrive, rallie les troupes déjà éparses, les rassure par sa froide valeur, en forme une masse en colonne qu'il nomme *le Bataillon de Jemmapes*, marche en avant, attaque les redoutes autrichiennes et les enlève à la baïonnette.

Cependant Dumouriez se porte à la droite où la fortune balance encore. Les Autrichiens, protégés par leurs formidables retranchemens, opposent à Beurnonville une résistance meurtrière. Dumouriez arrive, reconnaît les bataillons de Paris et leur recommande la victoire. Une colonne de cavalerie ennemie s'ébranlait alors pour les charger. Enthousiasmés par la présence de leur général, ils attendent avec fermeté les escadrons autrichiens qui viennent se briser devant un rempart de baïonnettes. Profitant de cet avantage, la cavalerie française tombe sur les escadrons ennemis, les sabre et les repousse sur la route de Mons. Beurnonville appuie ce mouvement. On marche de nouveau aux redoutes, on les attaque avec impétuosité. Les Français avancent à travers les balles, les obus et les boulets. Les grenadiers hongrois descendus dans la plaine, sont forcés de regagner leurs retranchemens qu'ils défendent avec le courage du désespoir; la mêlée est horrible, le sang ruissèle de toutes parts; les redoutes sont jonchées de morts et de blessés. Enfin, par un dernier effort, tout est emporté, l'ennemi fuit en désordre et la victoire se repose sur nos drapeaux.

Cette sanglante bataille nous coûta beaucoup de monde, en officiers et en soldats. Drouet et Ferrand, le colonel Chaumont, l'adjudant-général Monjoie furent grièvement blessés; les généraux Dampierre, le duc de Chartres, les deux Frégeville, Beurnonville, le colonel Thouvenot, le jeune duc de Montpensier se distinguèrent, et nos soldats combattirent avec une rare valeur. C'est à Jemmapes que l'armée de l'Europe la mieux tenue, la mieux disciplinée, fléchit devant des soldats levés et enrégimentés à la hâte, et qui n'opposaient aux ressources d'une savante tactique, que l'amour de la patrie et l'enthousiasme de la liberté.

Nous terminerons ce récit par un trait d'héroïsme digne d'une éternelle mémoire. Un citoyen de Paris, Jolibois, apprend que son fils a quitté ses drapeaux; il part aussitôt pour le remplacer, arrive le matin de la journée de Jemmapes, combat avec le bataillon de son fils, et s'écrie douloureusement à chaque coup qu'il tire sur l'ennemi : « O mon fils! faut-il que le » souvenir de ta fuite empoisonne un moment » aussi glorieux ! » Ce brave fut nommé officier sur le champ de bataille.

LE TABLEAU.

Il est deux heures. Le soleil pâle de novembre se voile sous des nuages pluvieux : de la hauteur où je suis placé, je vois se dérouler devant moi une plaine immense. Ce terrain humide et fertile, ces belles prairies, cette végétation vigoureuse, ce vaste horizon qu'aucun accident ne rétrécit m'indiquent suffisamment le lieu de la scène; je suis en Flandre. Je vois au loin des villages et des bourgs, les uns éclairés, les autres dans la demi-teinte. Aussi loin que mes regards peuvent s'étendre, je remarque du mouvement, de la fumée, des troupes, des chevaux ; je suis témoin d'une bataille.

Une nappe de lumière échappée du sein des nuages fixe mon attention sur le premier plan. Les attitudes du commandement, les insignes des hauts grades militaires, la beauté des chevaux, la disposition des personnages, tout m'annonce, que là se trouve le chef de l'armée, et que c'est de ce point qu'émanent les ordres, auxquels obéissent ces colonnes que je vois se mouvoir dans le lointain.

Quelle est cette action dont le premier aspect fait battre si vivement mon cœur ?.... Je le sais maintenant : à son maintien aventureux, à son air d'impatience et de finesse, à son attitude penchée, à je ne sais quel embarras entre les habitudes de la monarchie et l'ambition républicaine, qui le caractérisent, j'ai reconnu le général Dumouriez. C'est lui qui s'avance entouré de son état-major; l'attention des officiers qui le composent semble partagée entre le plaisir de voir une colonne de prisonniers autrichiens, ayant le colonel Reychak à leur tête, que l'on amène au général en chef, et le spectacle douloureux du général Drouet, mortellement blessé.

Je les reconnais tous. Voilà le jeune et brillant duc de Montpensier. Ce guerrier, c'est Macdonald qui prélude avec tant d'éclat à la gloire qui doit un jour le conduire au premier grade de l'armée. Cet autre, c'est le jeune Belliard qui, depuis, accompagna la victoire sur tous les champs de bataille où elle suivit nos drapeaux. Je suis tenté de l'aborder et de lui demander ce qu'il pense du sort de la bataille; je prévois qu'elle renferme les destinées de la patrie. Il s'agit de savoir, si les peuples de l'Europe imposeront des lois à la France, ou si elle achèvera la conquête de sa liberté; si elle purgera son territoire des étrangers qui ont osé l'envahir. Le champ de bataille où va se décider cette grande question, c'est Jemmapes.

Combien de braves sont déjà tombés en sacrifice, dans cet holocauste à la patrie! De vieux soldats soutiennent le général Drouet enveloppé dans une couverture de l'ambulance. Leur figure, sillonnée par les fatigues ou les blessures de la guerre, porte l'empreinte de la pitié: l'émotion a ébranlé ces ames endurcies au péril. Je cherche avec une douloureuse inquiétude la blessure de Drouet, sur son corps à demi découvert; je ne la trouve pas;... mais ses jambes ne se dessinent point sous la draperie ensanglantée, qui retombe perpendiculairement de ses genoux jusqu'à terre. Les deux jambes ont été emportées par un boulet : qu'il doit souffrir! mais que l'expression de sa douleur est noble! quelle exaltation et quelle résignation dans tous ses traits! Il tourne les yeux vers ses compagnons d'armes; et pendant qu'un chirurgien le montre au général en chef, je l'entends qui s'écrie : « Français, qu'importe
» ma vie! on se bat derrière vous; le village
» de Cuesmes va être emporté; je mourrai, je
» le crois ; mais j'aurai contribué à la première
» victoire de la république. »

Noble amour de la patrie, quelle sublimité tu donnes à la bravoure! quelle tendresse héroïque respire dans les traits de ce guerrier! L'irrésistible force de son dévouement a dompté la souffrance physique, et ses yeux, prêts à se fermer, étincellent encore d'espérance et d'héroïsme.

A quelque distance, un jeune homme à la première fleur de l'âge, monté sur un coursier ardent, et vêtu avec une élégance recherchée, abaisse sur le général mourant un regard plein de compassion. Cette première leçon de dévouement à la patrie marquera sans doute dans une ame si tendre; peut-être un jour aussi le sang de ce jeune guerrier.... Mais comment un si aimable enfant se trouve-t-il sur un champ de bataille! Que sa figure est douce et délicate! que ses yeux sont beaux! qu'il semble peu fait pour endosser la cuirasse et porter une pesante épée! Non, ce visage n'est pas celui d'un soldat. Sous le daim flexible, qui recouvre ses membres, la gracieuse rondeur de ses formes trahit un sexe qui n'est point né pour la guerre : c'est une femme, c'est une jeune fille, c'est cette jeune Fernig, que le seul amour de la patrie, que la haine d'un ennemi insolent et agresseur précipita au milieu de l'armée française; noble amazone, à qui un peuple enthousiaste de la beauté et de la valeur n'avait encore consacré ni un poëme, ni un tableau, ni une statue.

Je détache à regret mes regards de ce groupe

si intéressant, pour les porter sur l'ensemble de ce premier plan, et saisir, l'un après l'autre, les détails qui le composent. Voici le père de la jeune Fernig : devant lui, j'aperçois Baptiste, ce domestique de Dumouriez, qui réclame une part dans la gloire de cette journée ; on le verra bientôt, sans ordre, conduit par un instinct de valeur et d'habileté militaire, rallier six bataillons, et charger à leur tête.

Une fosse de charbon embrasé fait jaillir, à droite de tous ces personnages, les flots d'une lumière rougeâtre.

Par quel art mon œil enchanté passe-t-il si doucement d'une nuance à l'autre, et quelle est cette habile combinaison d'effets naturels, qui me conduit, sans disparate, de l'ardente clarté de cette fournaise à la douce lumière du premier plan, à la teinte sombre de l'enfoncement, aux collines bleuâtres de l'horizon et à l'azur d'un ciel obscurci par les nuages.

Un sentier passe au-dessous de la hauteur, où se trouve l'état-major : un chariot du pays s'y trouve engagé ; il est rempli de nos soldats blessés. La bataille a été meurtrière, et Drouet n'est pas la seule victime de ce jour. Dans le chariot, à côté d'un vieux militaire, je vois couché sur la même paille un jeune volontaire dont la main avait récemment quitté la charrue pour le fusil. Sa tête est pâle et languissamment penchée ; hélas ! son premier exploit sera-t-il son dernier combat ?

Je cherche pourquoi ces chevaux effrayés se cabrent, reculent ? Pourquoi l'ouvrier des mines qui les conduit est saisi d'une terreur égale ? Un projectile lancé par l'ennemi brûle à quelque distance ; l'obus a fait son trou dans le terrain : il va éclater. Autour de là, tout est suspension, inquiétude. Ces prisonniers ennemis, cette résolution froide des chefs, cet effroi physique des chevaux et de leur guide, cet obus qui brûle encore, me donnent une idée plus forte, plus exacte, d'une grande action militaire, que toutes ces petites colonnes en marche de *Vander-Meulen*, et tous les coups de pistolets, le désordre et la fumée du *Parrocel*.

Mes regards pénètrent dans la perspective profonde qui recule devant moi. La ville de Mons me présente ses clochers et ses toits éclairés. Un peu en avant, je reconnais le village de Cuesmes sur lequel s'appuie l'extrême gauche de l'armée autrichienne. Je parcours des yeux ce vaste espace où s'opèrent de grands mouvemens de troupes ; j'y vois des nuages de fumée, des charges de cavalerie conduites avec une impétuosité irrésistible, le feu des redoutes et la poussière des chevaux.

De gauche à droite, tout se porte en avant, tout marche, tout se précipite ; l'armée française va ressaisir la victoire. Sur le devant, à gauche, je remarque la première batterie d'artillerie volante dont notre armée ait fait usage. En arrière de la réserve du général Harville, une attaque impétueuse chasse devant elle l'ennemi déconcerté ; il fuit en désordre ; le feu est vif et terrible : la bataille est gagnée.

A peine aperçois-je le cheval blanc du jeune duc de Chartres qui conduit cette charge décisive : il se perd à mes yeux dans l'éloignement ; et celui qui contribua si puissamment au gain de cette mémorable journée, semble vouloir échapper à l'imagination reconnaissante, qui le cherche vainement dans ce tableau.

Le mot nous est échappé ; ce grand poëme dont nous aurions voulu reproduire avec des paroles la composition brillante et fidèle, c'est un tableau. L'artiste a réuni sur la même toile tant d'actions, tant de mouvemens instantanés, que la plume est réduite à décrire l'un après l'autre. Il a pu dire en même temps les différentes impressions que de si grands événemens produisent ; il a pu, sur le même canevas, et pour ainsi dire du même coup de pinceau, nous montrer l'action et la pensée des batailles, la douleur physique et l'héroïsme qui la surmonte, les plus terribles effets des jeux cruels de la guerre, la magnanime résolution d'une jeune amazone, la résignation des prisonniers de guerre, les honneurs rendus à un brave, enfin toutes les passions, que mettent en jeu les succès et les revers, dans une de ces journées qui décident du sort des empires.

Si, après m'être livré à ma première impression, j'examine ce tableau avec une attention plus minutieuse, je trouve dans les détails une foule de beautés nouvelles. Quelle vérité dans ce groupe de hussards, auxquels une vivandière donne à boire ! Que leurs poses sont naïves et leurs costumes fidèles ! Avec quel talent l'artiste a su allier l'agrément du coup-d'œil, cette première condition de la peinture, à la vérité d'imitation et à l'exactitude la plus minutieuse !

Tout-à-fait sur le devant du tableau, à peu près sous mes pieds, je trouve de la paille fraîchement étendue ; quelques charbons épars m'annoncent un bivouac abandonné ; en effet, c'est de là que nos troupes ont, ce matin même, débusqué l'ennemi. J'aperçois les pieds d'un cadavre ; un autre corps dépouillé est vu en raccourci sur le second plan ; des monceaux de morts m'inspireraient moins d'effroi, que ces heureuses réticences de la peinture.

Ce général à gauche, qui laisse tomber un regard indifférent sur l'obus prêt d'éclater, c'est l'intrépide Harville. La réserve qu'il conduit s'avance vers le centre; c'est là qu'une colonne de cavalerie va enlever la première redoute.

Dans la demi-teinte de ces plans éloignés, où je découvre le moulin de Jemmapes, à travers la poudre et la flamme, la bataille toute entière se dessine à mes yeux; je suis toutes les colonnes, je les vois se serrer, se développer, et tous ces mouvemens sont aussi nets, aussi distincts, que s'ils étaient indiqués sur une carte militaire. Toutes les marches, toute la distribution du combat, la charge à la baïonnette, le choc impétueux de la cavalerie; rien ne m'échappe, et j'ai saisi l'ordre de nos guerres systématiques dans le désordre même de la mêlée.

Que voit-on communément dans la plupart des tableaux de batailles? des hommes qui se tuent, des plumets, des sabres, des épées, des chevaux, des membres épars, des tronçons d'armes. Le peintre est trop heureux, s'il a su vous intéresser à quelques groupes, et si le costume, une circonstance locale, ou des figures traditionnelles, vous mettent sur la voie du sujet qu'il a choisi. La fiction vous *saute à la gorge*, comme disait Montaigne; vous ne trouvez rien d'historique dans ces tableaux d'histoire; et vous écririez volontiers au-dessous Fontenoy, Hochstet ou Friedland.

Ici tout est positif, tout est local. Le paysage est d'une exactitude, rarement observée par les paysagistes eux-mêmes. Les villes, les collines, les hauteurs, les maisons, tout est placé comme dans la nature; jamais les mêmes mouvemens n'ont pu se reproduire dans le même espace. *La Bataille de Marengo* par Carle Vernet est peut-être la seule production du même genre, dont on puisse faire le même éloge.

Ce beau tableau de la bataille de Jemmapes, où, dans un cadre étroit, l'auteur a resserré une machine si vaste, tant de pensées, d'épisodes et d'intérêt, appartient à S. A. S. le duc d'Orléans. Ce fait explique l'éloignement modeste, où le duc de Chartres se trouve perdu dans cette composition, et dont, sans ce commentaire, on eût sans doute été tenté de faire un reproche à l'artiste.

[N° II.]

DÉFENSE

DE LA BARRIÈRE DE CLICHY.

> Ah ! si la patrie eût pu être sauvée, elle
> l'eût été par ces bras héroïques.
> (Virgile, Énéide, l. II.)

La grande campagne de 1814, si brillante et si malheureuse; cette campagne de trois mois, pendant laquelle le génie de Napoléon et le dévouement de soixante et dix mille guerriers français avaient plusieurs fois repoussé ou contenu les huit cent mille hommes que les souverains de l'Europe avaient eux-mêmes conduits sur notre territoire; cette campagne touchait à sa fin. Trois grandes armées s'étaient avancées sur Paris défendu seulement par quinze mille hommes de troupes réglées et les légions de sa milice citoyenne.

Le 30 mars, entre trois et quatre heures du matin, le rappel des tambours annonça la crise qui se préparait. La garde nationale se rendit à ses postes avec célérité. Une grande quantité de citoyens, non encore armés, des ouvriers en nombre considérable coururent aux barrières, demandant partout des armes, et n'en trouvant nulle part; plusieurs sortirent dans l'espoir d'en ramasser sur le champ de bataille. Tout se passait alors dans Paris, comme si l'on avait décidé qu'il ne serait pas défendu.

Le feu de l'artillerie commença entre cinq et six heures du matin. On sut que les efforts de l'ennemi se portaient sur la position de Belleville : la garde nationale, chargée de couvrir les barrières, d'empêcher les troupes légères de l'ennemi de se glisser entre les masses et d'insulter les faubourgs, ne resta pas étrangère à l'action principale. Elle fournit un grand nombre de tirailleurs, qui opposèrent à l'étranger une vive résistance et se montrèrent dignes de ces bataillons parisiens dont le courage fixa la victoire à la bataille de Jemmapes.

Les positions de Pantin, Belleville, Romainville et la Butte-Saint-Chaumont, où l'action s'était engagée, avaient été successivement enlevées. Nos troupes disputaient le terrain pied à pied, mais elles se trouvèrent enfin accablées par le nombre.

Rappelons ici, comme un souvenir honorable à la jeunesse française, espoir de notre gloire et de nos libertés, l'héroïsme de ces généreux enfans de l'ancienne École polytechnique, qui, avec quelques pièces d'artillerie, suspendirent pendant plusieurs heures le mouvement des alliés, montrèrent partout l'enthousiasme du patriotisme, et jonchèrent d'ennemis les approches de nos positions. Trois fois les colonnes ennemies s'élancèrent contre eux; elles furent trois fois repoussées, et ne durent un succès chèrement payé, qu'à l'imprévoyance des chefs et à l'épuisement de nos munitions.

Le pont de Charenton fut aussi défendu avec obstination par quelques invalides et les élèves de l'École vétérinaire. Il y eut là cent cinquante jeunes gens de tués. Les forces supérieures de l'ennemi enlevèrent aussi cette position; alors il se répandit sur la rive droite de la Seine.

Depuis la barrière de Clichy jusqu'à celle de Neuilly, l'enceinte et les faubourgs extérieurs n'étaient défendus que par les citoyens de Paris; et comme l'extrême gauche de l'armée ne s'étendait que jusqu'à Montmartre, cette ligne se trouvait abandonnée au brave maréchal Moncey, commandant de la garde nationale parisienne.

Dès que ce maréchal aperçut le mouvement des colonnes ennemies sur les chemins de la Révolte et de Saint-Ouen, il se porta à la barrière de Clichy. Le chef de la deuxième légion ayant quitté son poste, le chef de bataillon Odiot fut nommé commandant provisoire de la légion et des détachemens qui occupaient la barrière de Clichy et la chaussée de Saint-Ouen.

C'est dans ce poste que la garde nationale se couvrit de gloire. Toutes les positions étaient tournées et emportées. L'ennemi venait d'occuper les Batignoles et attaquait à la fois la barrière de l'Étoile et celle de Clichy. La première légion, placée à la barrière de l'Étoile, engagea et arrêta la colonne du général Emmanuel. L'ennemi fut aussi reçu par la deuxième légion avec une intrépidité et un sang-froid admirable. Le maréchal Moncey, le commandant Odiot, soutinrent le feu des Russes, qui, malgré tous leurs efforts, ne purent arriver jusqu'à la barrière. On apercevait même quelques mouvemens d'hésitation de leur part, quand le son de la trompette annonça le parlementaire qui venait proclamer l'armistice; le feu s'éteignit; les destins de la France s'accomplissaient.

Pendant la retraite de l'armée française, et jusqu'à l'entrée des alliés, il fallut pourvoir à la sûreté de Paris avec le seul secours de la garde nationale. Le zèle, l'intelligence, le courage des officiers et des gardes nationaux pourvurent à tout. Ils continrent dans leurs prisons les détenus qui essayèrent de s'en échapper : les cosaques qui pénétrèrent par-dessus les palissades furent arrêtés; de nombreuses patrouilles parcoururent les divers quartiers de Paris, et un calme profond régna dans la capitale, pendant la nuit qui précéda son occupation.

Enfin parut l'aurore de cette fatale journée du 31 mars, où l'Europe, secondée par nos funestes divisions, étonnée de ses propres succès, entra triomphante dans cette même ville d'où, pendant vingt-cinq ans, étaient parties les foudres qui avaient renversé ou ébranlé les trônes de ses souverains. La France était vaincue et non humiliée; l'honneur, le patriotisme et le courage lui restaient; épuisée par ses victoires, elle aspirait au repos de la liberté.

LE TABLEAU.

Ma pensée franchit en un moment vingt-deux années. Du champ de Jemmapes, je passe au siége de Paris. Vainement un abîme de gloire et de désastres sépare les deux époques; mon esprit les rapproche. Malgré tant de trophées portés au loin par l'aigle française; tant de chants de victoire; tant de cercueils ouverts; tant dé plaines immortalisées en Europe, en Asie, en Afrique, en Amérique; tant de trônes abattus ou fondés : je comble cet espace immense de quelques années séculaires, je me place sous les murs de Paris, je me soumets à la pensée de l'artiste, et je réunis notre dernière palme civique aux premiers rameaux cueillis par la liberté, dans les champs de la Flandre.

Mais c'est avec douleur, je l'avoue, que je porte mes regards sur l'ouvrage du peintre! Voilà Paris. Vingt rois se sont donné rendez-vous sous ses murs! Ils y sont arrivés; la fortune et la trahison leur ont ouvert le chemin.

A ces tristes souvenirs, mon cœur se serre. Je crains que le talent de l'artiste ne parvienne pas à me distraire des pensées affligeantes qui me saisissent.

Aidé de quelques gardes nationaux et de cinq ou six grenadiers de la garde impériale, le brave et spirituel Emmanuel Dupaty, capitaine de chasseurs de la garde nationale, ramène, dans l'intérieur des barrières, une pièce de canon abandonnée. Assez près de lui, plus sur la droite et sur le devant, Charlet, peintre original, qui réunit dans sa manière quelque chose de Téniers et de Sterne, amorce son fusil, et s'entretient avec d'autres gardes nationaux des moyens de défense les plus efficaces. Sur un plan beaucoup plus rapproché du spectateur, et vers le centre du tableau, le maréchal *Moncey*, à cheval, donne des ordres à M. *Odiot*, qui commandait alors la deuxième légion. Des gardes nationaux de différens grades sont diversement groupés autour d'eux. Un poëlier, nommé *Margariti*, soldat à Jemmapes, et couvert de blessures, est un des personnages qui se trouvent le plus en évidence. On reconnaît M. *Bertin*, ancien militaire; M. *Alex. La Borde*; M. *Castéra*, qui reçut la croix à Austerlitz; et le savant interprète de l'empereur en Égypte, *Amédée Jaubert*, qui depuis a visité les contrées natales du despotisme, et qui a publié des voyages, si intéressans et si précieux pour l'instruction des Persans d'Europe.

Auprès du jeune et brave capitaine Amable Girardin, un autre jeune homme pâle se tient à peine sur son cheval. Il chancellerait, il tomberait à terre, s'il ne s'était fait attacher par de forts liens sur la selle qui le porte. C'est le colonel Moncey, fils du maréchal.

Voilà toute la scène. Au-delà des barrières, on aperçoit, au milieu de la fumée et de la poudre, le cabaret du père Lathuille, de cet aubergiste, fameux parmi nos soldats, qui, avant l'entrée de l'ennemi, leur ouvrit ses caves, en leur disant : « Buvez, mes amis, buvez gratis; » ne laissez pas aux cosaques une seule bou- » teille de mon vin. »

Ici, comme dans la bataille de Jemmapes, on n'a point à admirer l'ingénieux arrangement d'une grande machine. L'espace est étroit : nul accident pittoresque; une redoutable uniformité dans les costumes; point d'action; peu de variété, d'expression et de poses.

Artistes, qui appréciez toute la force de ces obstacles, allez dans l'atelier d'Horace admirer comment il a su les vaincre; comment il a su varier les effets de la lumière sur le même uniforme; comment il est parvenu à reproduire le caractère moitié civil, moitié militaire de ces braves gardes nationaux; par quel art il a si bien diversifié les expressions et les attitudes, que le charme des contrastes s'est répandu sur une composition en apparence monotone, et que l'écueil du sujet a disparu entièrement.

Dans le tableau précédent, il s'agissait de concentrer en un point, et comme en un foyer unique, l'intérêt divergent d'une foule d'actions isolées. Ici, le peintre avait à diversifier, à force de talent et d'adresse, plusieurs expressions et plusieurs circonstances semblables.

Deux épisodes touchans l'ont aidé à triompher de la difficulté du sujet. Sur le devant, à droite, appuyés contre une palissade intérieure, on voit deux jeunes pupilles de la garde; ils sont blessés; l'un, frappé d'un coup moins dangereux, soutient l'autre. Que ces pauvres enfans m'intéressent ! Celui-ci a la tête enveloppée d'un bandeau sanglant; celui-là supporte avec la main gauche son bras droit, fracassé par une balle, et dont l'artiste a rendu la fracture avec une effrayante vérité.

Tout-à-fait sur le devant, une jeune femme, assise sur une malle, donne le sein à son nouveau-né. Autour d'elle sont épars les ustensiles du ménage; la chèvre domestique est attachée à la malle. Des matelas et des couvertures annoncent qu'une famille, accoutumée à quelque aisance, est venue se réfugier sous les murs de Paris, où elle est sans asile. La femme jette des regards inquiets vers la barrière. On n'en saurait douter, son mari l'a quittée pour aller se battre; elle l'attend; elle tremble, il reviendra peut-être...

Par ces deux épisodes, le peintre philosophe a voulu caractériser la défense désespérée de notre capitale, confiée au bourgeois paisible et à la première enfance ! Sur l'extrême gauche du tableau, cette risible figure, d'un si beau dessin et d'une si heureuse attitude, est celle d'un lancier polonais du 17e, qui vient d'être démonté par des conscrits malhabiles; le premier coup de canon, tiré par eux, a tué son cheval. Il est couvert de boue et de poussière; et je me trompe bien, s'il ne raconte pas avec une terrible énergie d'expression, son aventure à ses camarades qui l'entourent.

L'effet piquant, la vérité, la vie de ce tableau seront appréciés de tout le monde. Les artistes en loueront l'exécution finie, la belle composition, la naïveté, le coloris.

Rendons hommage à cette généreuse pensée de l'artiste, qui n'a pas exclusivement consacré son talent aux premiers et brillans essais de notre audace et de notre gloire, et qui a voulu immortaliser aussi le dernier et le noble effort d'un courage malheureux et trahi.

[N° III.]

LA JEUNE DRUIDESSE.

> Jeune fille de *Gorm-Lumba*, comment dire ta beauté? quelle pure mélodie anime tes accens ! Tes sourcils légèrement dessinés et ta longue chevelure rappellent la couleur de l'ébène; tes joues ressemblent au fruit du frêne des montagnes; les perles de ta bouche sont d'une blancheur éblouissante; deux globes d'amour s'élèvent de ton sein, comme deux collines parées de leur draperie de neige.
>
> (Ossian, l'Incendie.)

Une jeune druidesse, le front ceint de guy de chêne, l'œil ardent et la tête levée vers le ciel, comme pour y chercher des inspirations, frappe de ses doigts doucement arrondis, la harpe celtique. Telles les vierges d'Érin, cachées dans un épais bocage, telles les Selma et les Roscrana, dont Ossian nous fait de si touchantes peintures, laissaient errer leurs mains d'albâtre sur les cordes plaintives. Non, les prophétesses du septentrion, les Visinda-Kona, dont le vêtement noir étincelait d'étoiles, et dont l'écharpe azurée brillait de figures mystérieuses; non, les fées de la Germanie et des Scandinaves n'offraient pas aux regards humains une vision plus enchanteresse.

Elle est digne, cette charmante fille des bardes, du culte pieux que les Gaulois ont voué à son sexe. Je trouve, dans ses traits et dans sa pose, ce *quelque chose de divin* dont parle Tacite. Mais quel est le chant que sa voix a commencé et qui se mêle au frémissement harmonieux de sa harpe? Elle a oublié le soin de sa parure; ses longues tresses noires flottent et retombent sur ses épaules nues. L'éclair de ses regards est voilé de tristesse. Belle prêtresse des Gaules, j'entends les sons de cette voix harmonieuse, qui s'échappent, plus purs que le souffle matinal, de tes lèvres aussi fraîches que la rose des bois.

« Où sont-ils les enfans de la patrie? Forêts,
» voilez-moi de vos ombres saintes! Andarté,
» déesse de la victoire, a fui des bataillons gau-
» lois.

» O patrie! l'étranger a posé le pied sur la
» terre des héros; les enfans de la Gaule se sont
» élancés contre leurs innombrables ennemis.
» Le soleil qui va s'éteindre dans les nuages
» pourprés de l'occident renaîtra demain; ils
» ne reviendront plus.

» Ils ne reviendront plus, et leur sang n'a
» point racheté la Gaule; l'ennemi foule déjà

» les bruyères à fleurs d'or, qui s'enlaçaient à
» nos tresses flottantes. O champs paternels !
» doux rivages! fontaines limpides! terre sacrée
» qui nous vis naître ! tombeaux de nos pères !
» berceaux de nos enfans ! nous n'avons pu
» vous défendre !

» Chênes de la vieille patrie ! demeures mys-
» térieuses des fées, répondez par un augure !
» dévoilez-moi l'avenir !... Une flamme pro-
» phétique étincelle dans les bois....

» Peuple vengeur, croissez en silence !........
» Comme la mer augmente à chaque moment
» ses vagues qui doivent envahir le rivage,
» Gaulois, amassez dans votre sein les flots ter-
» ribles de votre courroux ! enfans de nos
» enfans, ressaisissez la liberté; retrouvez la
» gloire ; lavez nos affronts ; vengez-nous ! »

[N° IV.]

LA FOLLE DE BEDLAM.

> Là se promène fréquemment, rêveuse, égarée, solitaire, une femme qui a vu de meilleurs jours. Hélas! son vêtement en lambeaux cache mal un sein dévoré d'amour et de peine..... Elle est folle.
> (W. Cowper.)

LE RÉCIT.

Je suis dans l'un des jardins anglais qui entourent Bedlam. J'y rencontre la pauvre Suzanne. Elle chante, mais elle pleure; ses ris se mêlent à ses larmes; et ses yeux rouges, flétris, égarés, disent assez l'aliénation de son esprit. Un drap grossier lui sert de manteau; ce manteau, qui se détache et tombe, laisse voir un beau corps flétri par la douleur: « Jeune infortunée, » que fais-tu là, seule, errante, sans guide? - Je » le cherche. - Qui? - Il doit être parmi ces » morts... - Viens avec moi, prends mon bras; je » te conduirai. - Tu l'as donc vu, tu le connais...... Je croyais...... O Waterloo! Waterloo! »

Ce mot excite mon étonnement. Suzanne est Anglaise; l'azur de ses yeux, la beauté d'une carnation que l'émotion colore vivement, l'or de sa chevelure en désordre, le caractère de cette tête appartiennent à la race saxonne. « Tiens, dit-elle, c'est là ! » Et elle montre du doigt un hausse-col, troué par une balle; son autre main s'appuie sur le haut de sa poitrine, les palpitations de son sein découvert indiquent la violence de son émotion. Je ne peux retenir mes pleurs.

« Qu'ils sont cruels ! vois ! ils ont attaché
» mon bras; ils m'ont enchaînée » ..... Une corde pressait et meurtrissait sa main délicate. Je me hâtai de la détacher. Je me souviendrai toujours de ce regard douloureux et reconnaissant qu'elle jeta sur moi. Elle me fit asseoir auprès d'elle, sur un banc de verdure, à l'ombre d'une draperie rouge suspendue à des saules.

« Adolphe..... c'est le fils d'un officier fran-
» çais.... je le vis à Paris...... » Suzanne passait sur son front celle de ses mains qui était libre. Ses beaux yeux bleus se fixaient avec désespoir sur le hausse-col. La contraction pénible de ses sourcils et le rire subit de sa bouche me saisissaient d'effroi. « Ce n'est rien, continua-t-elle;
» je suis bien, très-bien..... Tu t'étonnes de l'é-
» tat où je me trouve...... Hélas ! ce combat, la

» poussière, les morts, le chariot des blessés....
» Vois.... j'ai encore de la paille dans mes che-
» veux, mais je la garde ; je veux la garder tou-
» jours.... C'est plus beau qu'une guirlande....

» Ta présence et ta pitié me font du bien ;
» ma tête s'éclaircit. Je te dirai bien vite.... Car
» ces momens de raison, ces cruels momens
» sont courts. J'étais à Paris en 1815 ; Adolphe
» m'aima ; il me plut. Il est brave, Adolphe ; il
» est beau, il est sensible. L'heure du combat
» venait de sonner ; il voulut partir ; il s'arra-
» cha de mes bras ; il rejoignit l'armée fran-
» çaise. Mais je le suivis ; je lui appris comment
» on aime. C'était bien mal à moi, n'est-ce pas,
» de nourrir, pour un ennemi de ma patrie,
» cette passion qui brûle encore, qui brûlera
» toujours, là, dans mon sein? L'amour, hé-
» las ! a toujours été plus fort que ma raison ;
» c'est lui qui a dévoré ma vie, bouleversé
» mon être, anéanti mes facultés ; enfin, je
» résolus de suivre Adolphe ; j'abandonnai
» tout.... et un soir.... quel souvenir !.... il fallut
» l'attendre le jour de la bataille de Mont-
» Saint-Jean... je l'attendis, je l'attends en-
» core... il reviendra ; Shakspeare l'a dit....

» *Yes the beloved shall come again* (1).

---

(1) Hamlet, act. III.

» Et cependant je le trouvai sur le bord du
» ruisseau, parmi les morts; je m'aperçus, en
» saisissant ce hausse-col, qu'il vivait encore;
» je l'accompagnai jusqu'à Bruxelles, dans le
» chariot des blessés... Le lendemain, je suis
» revenue, il était déjà guéri; je ne le trouvai
» plus... il me cherche... »

Elle se leva; son délire la dominait; sa main se porta vers l'endroit où Adolphe avait été frappé. *Là... c'est là...* criait-elle; le vent faisait tomber de ses beaux cheveux la paille qu'elle y avait mêlée, et ce léger accident l'affligeait plus que tout le reste. Pauvre Suzanne! Un gardien, qui l'avait long-temps cherchée, vint la reprendre, et je m'éloignai en pleurant..... Pauvre Suzanne!...

LES DEUX TABLEAUX.

Je n'ai peut-être pas su rendre fidèlement la douloureuse éloquence de la pauvre Suzanne. Pour commentaire, que l'on choisisse le tableau qu'Horace Vernet lui a consacré.

Telle j'ai vu la belle et malheureuse Suzanne, telle le peintre l'a montrée. La corde injurieuse, le hausse-col du jeune Adolphe, la paille mêlée à sa chevelure blonde, le drap qui pèse sur elle sans la couvrir, rien n'a été oublié. Qu'elle est belle! qu'elle est triste à voir! Quel spectacle que cette alliance d'une beauté parfaite, d'une passion sans bornes et d'une raison absente ! On donnerait tout, pour chercher à rallumer dans cet être malheureux le flambeau de l'intelligence, éteint par l'amour et le désespoir !.... Mais cela est impossible. On le voit, on le sent, le mal est incurable.

Comme tout est brûlant dans ce tableau ! Suzanne y paraît dévorée d'une fièvre convulsive. Ses lèvres sont à la fois ardentes et flétries. Ses yeux égarés cherchent en vain des larmes. Son sein, ses beaux bras, ses cheveux mêmes, jusqu'à la pourpre de la draperie, et au ciel qui sert de fond, tout, dans cette composition, qui atteint le sublime, par l'énergie simple et la force d'expression ; tout est brûlant comme les passions, tout est aride comme la douleur sans espérance.

Reportez maintenant les yeux sur cette druidesse inspirée, dont l'œil noir paraît, comme dit Milton, *plein d'avenir ;* comparez à la physionomie de la folle, la figure toute poétique de cette fille des Gaules : l'esprit, la composition, la couleur des deux tableaux ! quelle merveilleuse variété de talent !

[N°. V.]

MARINE GRECQUE

APPARTENANT

A S. A. R. LE DUC D'ORLÉANS.

> Si Athènes est détruite, si la Grèce est envahie, il nous reste une patrie errante et sûre : ce sont nos vaisseaux.
> (Thémistocle, dans Plutarque, p. 117.)

Bien des souvenirs se réveillent, bien des espérances saisissent le cœur à l'aspect de ces barques lévantines, de ces matelots de l'Archipel, dont les traits, fortement dessinés, conservent encore la trace des antiques modèles! Une servitude de plus de trois siècles n'a donc pu étouffer entièrement, dans ce peuple, le sentiment de sa vieille gloire et cet amour ardent de la patrie, source de tant d'héroïsme et de grandeur.

Entendez au loin sur ces mers, redevenues libres, le retentissement de ces bronzes homicides qui servent de dernière raison à la liberté, comme à la tyrannie. Les esclaves ont relevé leurs fronts de la poussière, et font trembler leurs oppresseurs. Les ombres héroïques des grands hommes semblent sortir de leurs monumens oubliés, et rappeler encore la victoire sous les étendards de la patrie.

Détroit des Thermopyles, Marathon, Salamine; théâtres sacrés des grands exploits, des triomphes de la vertu républicaine, vous serez encore témoins des actions généreuses, des faits héroïques : l'histoire vous redemande ; vous lui fournirez encore des souvenirs pleins de gloire ; vous serez de nouveau consacrés dans la mémoire des hommes libres.

Tandis que l'Europe, qui vous doit ses lumières et les inspirations du génie des arts, vous abandonne à la fortune ; tandis qu'une froide politique balance, dans ses arides calculs, les profits et les risques de l'avenir ; tandis qu'elle hésite entre les droits naturels des peuples et la légitimité de la barbarie, valeureux Hellènes, vous formez vos phalanges, vous armez vos vaisseaux, vous placez votre indépendance et votre liberté sous la sainte protection des lois. Puissiez-vous ne devoir qu'à vous seuls l'affranchissement de vos cités ! Gardez-vous de l'étranger ! Ses promesses sont des piéges, ses secours sont perfides : la honte et l'oppression accompagnent ses drapeaux.

Mais, pendant que nous écrivons ces lignes, des chants de victoire retentissent de l'Hellespont à la mer d'Ionie. L'orgueil ottoman est humilié! Deux fois ses flottes ont été battues; deux fois le pavillon hellène s'est élevé en triomphe sur le croissant; et c'est une marine encore dans l'enfance qui a opéré ces prodiges. Ainsi, la Grèce confie, une seconde fois, à ses vaisseaux le dépôt de ses libertés.

LE TABLEAU.

Un bâtiment turc vient d'échouer sur ces côtes, qui virent jadis le roi des rois, Xercès, s'embarquer, seul et fugitif, dans une nacelle, et payer, de tant d'humiliation, son immense orgueil. La chaloupe turque regagne l'escadre que l'on aperçoit dans le lointain. La foudre sillonne les nuées grisâtres, et une teinte pâle et blafarde règne sur l'Océan et dans le ciel. Les Grecs accourus sur le rivage, et reconnaissables à la singularité de leurs riches vêtemens, brûlent le navire ottoman, dont la masse bizarre s'entoure déjà de fumée; d'autres amènent et pointent une petite pièce de canon, qui peut-être va couler de son premier boulet la chaloupe qui s'éloigne.

On en voit qui, les pieds dans l'eau, couchent en joue la barque turque; d'autres, montés sur des rochers, amorcent et vont tirer.

Toute la scène est pleine d'activité et de vie.

Les figures sont très-petites, et la dimension du tableau eût à peine laissé croire à la possibilité de leur donner le mouvement et l'expression qui doivent les caractériser.

L'effet d'orage, si piquant et si neuf, prouve que l'artiste observe habilement et saisit la nature jusque dans ses moindres caprices.

[N° VI.]

AUTRE MARINE

APPARTENANT

A S. A. R. LE DUC D'ORLÉANS.

> Rien ne serait plus aisé que de réprimer les brigandages des Algériens. Mais que de choses utiles et aisées sont négligées absolument! La nécessité de réduire ces pirates est reconnue dans les conseils de tous les princes. Quand les ministres de plusieurs cours en parlent par hasard ensemble, c'est le conseil tenu contre les chats.
>
> (VOLTAIRE.)

Des Arabes errans, des Espagnols fugitifs, des Juifs outragés et chassés, des Italiens aventuriers, des indigènes barbares, des Musulmans, qui n'avaient pour vivre que leurs poignards et leur férocité; la lie des peuples et le rebut du monde, ne trouvant pas de moyens de subsistance dans ces plaines d'Afrique que le despotisme accable, montèrent sur des barques, et allèrent piller les côtes du Portugal et de l'Espagne. Ils avaient, pour aiguillons de leur courage, la vengeance, l'indigence et le fanatisme. Des hommes engourdis par leurs habitudes monacales les repoussèrent faiblement; ils s'enhardirent. On les vit se répandre, le fer et le feu à la main, sur tous les rivages. A peine vêtus, à peine armés, ils achetèrent des Européens quelques vaisseaux, insultèrent tous les pavillons, firent esclaves nos fils, nos amis, nos parens, et forcèrent les puissances européennes à négocier humblement avec un ramas de bandits.

Leurs misérables chebeks ont couvert l'océan. Ces vautours de la mer ont infesté tous les parages. On a traité avec eux; on leur a payé tribut; on s'est humilié devant cette poignée de brigands mal armés. Ils enlevaient nos filles et nos femmes; nous leur députions des missionnaires pour les racheter. Voilà l'honneur des cabinets et l'esprit chevaleresque des monarchies absolues.

Saint Louis, Charles-Quint, Louis XIV, les ont humiliés, sans jamais les vaincre. Ils n'ont pas cessé d'imposer à la chrétienté l'ignominie de leurs traités; et tandis que les écrivains, suivant les cours, déclament contre ces nobles grecs, qui se battent pour la croix et pour la liberté, des brigands turcs suspendent, dans leurs mosquées, leurs sabres teints du sang chrétien.

Certes, j'ai beaucoup de vénération pour ces mots d'*harmonie* entre les peuples, de *paix universelle*, d'*équilibre* entre les puissances, de *tranquillité du monde*, qui émanent sans cesse des congrès des rois et des assemblées de plénipotentiaires. Mais à voir tant de beaux discours et une conduite si cruelle; la religion si violemment défendue et les chrétiens abandonnés si lâchement au glaive infidèle; des princes si pieux et des temples si facilement renversés par les Ottomans; des ministres si délicats sur le point d'honneur, et des pirates musulmans avec lesquels on fait des traités si honteux; de si grandes armées levées et sacrifiées, tant de sang versé, pour donner le repos à l'Italie et à la France, et pas une frégate mise en mer contre les barbaresques, pas un bataillon envoyé contre les Turcs; des puissances si magnanimes, si religieuses, si morales, et qui s'empressent de remettre l'épée dans le fourreau quand il ne s'agit plus que de l'intérêt du monde et de la liberté de l'océan : ces étranges contrariétés m'embarrassent (je dois en convenir), et je ne vois plus dans ces expressions diplomatiques qu'une sanglante ironie.

LE TABLEAU.

Il a plu toute la nuit; le soleil se lève; l'orient est en feu. Cette clarté rouge colore, à l'horizon, les vagues bleues qui occupent presque toute la scène. A droite, dans l'obscurité, on entrevoit les rochers qui bordent les côtes de France. Une chaloupe barbaresque vient de faire sa capture; elle quitte le rivage et va rejoindre un chebek tunisien, que l'on aperçoit dans l'éloignement, et qui protége son retour par un coup de canon.

Mais elle vient d'être atteinte par une barque française, qui déjà lui dispute sa proie. On est à l'abordage; les haches sont levées. Une femme s'évanouit dans les bras des Barbares. L'obscurité générale, le combat de ces deux barques, qu'un léger mouvement peut faire chavirer, les vêtemens pittoresques des Barbaresques, l'effet de lumière du fond, le contraste des teintes sombres du tableau et du soleil levant sur la mer, très-bien rendu, donnent à cette composition un caractère d'effrayante et singulière vérité.

[No VII.]

LE GÉNÉRAL MORILLO.

> L'ambition donne à la patrie des défenseurs,
> comme elle donne aux tyrans des ministres.
> (Pope.)

Voyez-vous cette physionomie dure, martiale et basanée; c'est celle d'un guerrier qui ne s'est encore élevé qu'à une célébrité sans gloire : s'il combat jamais pour la liberté, comme il a combattu pour le despotisme, les regards s'attacheront avec reconnaissance sur cette toile, où il semble encore respirer la guerre; son nom pourra un jour être cité parmi les noms illustres des Washington, des La Fayette, des Bolivar; aujourd'hui ce n'est que Morillo.

Les événemens auxquels il a pris une part si déplorable, seront l'éternel entretien de la postérité : elle fixera les yeux sur ce monde nouveau qui s'élève, par son indépendance, à de glorieuses destinées, tandis que la vieille Europe lutte contre une funeste décadence, que de serviles doctrines précipitent rapidement, et qui lui annonce le terme de ses prospérités et de ses grandeurs.

L'histoire racontera les courageux efforts de ces patriotes de l'équateur, des Bolivar, des Arismendi, des Brion, des Zéa, des Saint-Martin; nobles défenseurs de la patrie régénérée, qui, sur une terre affranchie, ouvrent un asile sacré aux arts, à la gloire, à la philosophie et aux victimes de l'oppression.

En rappelant les succès militaires de Morillo, une réflexion se présente; c'est que le génie de la guerre et la victoire même sont impuissans pour asservir une nation qui a la ferme volonté d'être libre. Combien de fois les relations de Morillo n'ont-elles pas représenté les Américains vaincus, dispersés, hors d'état de reparaître sur le champ de bataille : combien de fois ces espérances n'ont-elles pas été trompées! Pendant que le despotisme ordonnait ses fêtes et ses chants de triomphe, les soldats de la liberté, retirés au fond des déserts, sous un ciel dévorant, organisaient leurs phalanges, et revenaient saisir la victoire. Leur courage a cédé plus d'une fois à la discipline et à la tactique européennes ; mais leur résolution ne s'est jamais démentie. Enfin, ils ont lassé la constance d'un ennemi sanguinaire. Le farouche Morillo est revenu dans sa patrie délivrée, et peut-être le verrons-nous expier ses exploits du nouveau Monde, en triomphant pour la cause de la justice et de la liberté.

LE PORTRAIT.

Une ame ardente, un sang brûlé par le soleil et les fatigues semblent animer les traits de ce guerrier : on voit que les dangers de la patrie ne l'arrêteront pas, et que la pitié ne le fera pas plus reculer que le péril : un feu sombre jaillit de ses yeux pleins d'audace : c'est bien là ce chef inflexible qui s'ouvrit un passage jusqu'aux montagnes, à travers les bataillons de Bolivar; qui fit fusiller tant d'insurgés pris les armes à la main : c'est ce marin, endurci à tous les dangers, ce sergent devenu généralissime, qui ravagea les colonies espagnoles, et devint fameux par un courage impitoyable contre tant d'hommes armés pour la conquête d'une patrie et de la liberté !

[No VIII.]

M. DUPIN, AVOCAT.

Vir bonus, dicendi peritus.
L'homme vertueux habile à bien dire.
(Quintilien.)

Implebit terras voce ; et feralia jussa
Fulmine compescet linguæ.
Sa voix retentira dans l'univers; la foudre de son éloquence enchaînera la cruelle injustice. (Claudien.)

M. Dupin parcourt la plus honorable carrière. La réunion des lumières du jurisconsulte, du talent de l'orateur, d'un noble caractère, d'un amour ardent de la justice et de la gloire nationale le placent au premier rang dans sa profession et lui ont acquis une gloire qui tourmente la médiocrité, toujours envieuse, et qui a reçu des attaques mêmes de ses ennemis un nouvel éclat.

Nommé en 1815 député d'un des colléges électoraux de la Nièvre, à la Chambre des représentans, M. Dupin, dans un de ses opuscules, rend compte du sentiment qu'il éprouva. « Je » considérai, dit-il, que je ne changeais point » de profession, que j'aurais seulement une

» cause de plus à défendre, celle de mon
» pays. »

La conduite de M. Dupin dans cette Chambre des représentans, tant calomniée et qui était animée du plus pur sentiment de patriotisme, n'a point démenti ses promesses. Il défendit, en effet, dans toutes les occasions, la cause publique; et madame de Staël, dans ses *Considérations sur la révolution française*, lui rend à cet égard un témoignage qui sera recueilli par l'histoire.

Après la seconde restauration, M. Dupin reprit l'exercice de ses fonctions; et la réputation qu'il avait acquise à la tribune, la générosité connue de son caractère, ses profondes connaissances dans la jurisprudence criminelle devinrent l'espoir et le recours des malheureux poursuivis pour causes politiques. On n'oubliera jamais la courageuse défense du maréchal Ney et celle de trois Anglais accusés d'avoir favorisé l'évasion de M. Lavalette. M. Dupin, en plaidant à l'audience du 23 avril 1816, devant la Cour d'assises, cette mémorable cause qui rappelait, au milieu des scènes douloureuses de cette époque, ce que la tendresse conjugale avait de plus sublime et de plus héroïque, porta dans toutes les ames l'attendrissement et l'admiration pour ses nobles cliens, et obtint ainsi le triomphe le plus doux auquel l'éloquence puisse aspirer.

Depuis cette époque, on a vu M. Dupin, par des écrits lumineux ou par d'éloquentes plaidoiries, défendre tour à tour et la gloire militaire de la France dans la personne de plusieurs généraux accusés, et la liberté de la presse et celle de la pensée dans la cause d'illustres écrivains en butte à la calomnie; démasquer l'intrigue, attaquer le crime, protéger la vertu proscrite. Les principaux d'entre ses clients ont été le maréchal Ney, les mânes outragés du maréchal Brune, les lieutenans-généraux Allix, Savary, Gilly, le duc de Vicence, le général Poret de Morvan, l'adjudant-commandant Boyer, MM. Fiévée, Bavoux, Mérilhou, *le Censeur, le Constitutionnel, le Miroir*, l'ancien archevêque de Malines, M. de Jouy, de l'Académie française, le curé de Cosne, MM. Forbin-Janson, Wilson, Bruce, Hutchinson, Montain jeune, Senneville de Lyon, Duhamel de Rouen, Marinet contre lord Wellington, Madier de Montjau et de Béranger.

LE PORTRAIT.

C'est dans la cause de l'infortuné maréchal Ney, qu'Horace Vernet a voulu peindre son

illustre défenseur, au moment où il dit au procureur-général qui pressait le jugement : « Ac-
» cusateur, vous voulez placer sa tête sous la
» foudre, et nous, défenseurs, nous voulons
» montrer comment l'orage s'est formé. »

Il serre fortement, et par une contraction pénible, les papiers qu'il tient à sa main : il semble recueillir toutes ses facultés pour fulminer son éloquente péroraison. Tous ses nerfs sont tendus, tous ses traits respirent une indignation sévère, une inspiration véhémente. Non-seulement ce portrait est d'une ressemblance parfaite, mais le peintre a su fixer, sur la toile, un de ces momens fugitifs, insaisissables, où l'ame, livrée à une forte émotion, semble emprunter des traits physiques, pour se produire au dehors, et devient en quelque sorte palpable.

[No IX.]

PORTRAIT

DE M. DE CHAUVELIN,

DÉPUTÉ.

> Son courage ne tient pas à l'ignorance des hommes et des choses. Il sait quels piéges lui dressent les intrigues de cour, les souvenirs de sa famille, les animosités de l'orgueil. Il le sait; et il continue à défendre, à ses risques et périls, la constitution et les droits de son pays.
>
> (BURKE parlant de FOX. *Discours parlementaires.*)

LE talent de l'artiste n'a pas de plus noble emploi que celui de conserver les traits des hommes vertueux et qui ont donné à leurs concitoyens de mémorables exemples de patriotisme.

Autant les regards se détournent avec dégoût de ces physionomies sans expression, de ces figures insignifiantes dont la foule vulgaire déshonore l'exposition du Louvre, autant ils s'arrêtent avec un vif sentiment d'admiration sur les portraits de M. Dupin, dont nous avons déjà parlé, de l'honorable M. Chauvelin, qui est l'objet de cette notice, du général Drouot, de

MM. Madier de Montjau père et fils, dont nous parlerons bientôt.

M. de Chauvelin est descendu d'une famille qui réunissait à des titres légitimes d'illustration une grande noblesse de sentimens, beaucoup d'esprit et de talent. M. de Chauvelin, actuellement député, a recueilli cet héritage qu'il ne cesse de cultiver et d'enrichir.

L'indépendance de ses opinions, son attachement aux libertés de son pays, sa haine des abus privilégiés et de l'arbitraire se sont manifestés à toutes les époques.

On se rappelle que, nommé membre du Tribunat, il signala son indépendance et son dévouement pour les libertés publiques par une opposition ferme et raisonnée aux entreprises du gouvernement consulaire. Ses opinions contre l'établissement de la Légion d'honneur, qu'il qualifia d'*ordre de chevalerie*, et ses observations sur le budget de l'an XI le désignaient comme devant sortir du Tribunat dans l'année suivante; il en fut dédommagé par le choix libre des électeurs de l'arrondissement de Beaune qui le nommèrent leur candidat pour le Corps législatif. Cet avis de l'opinion ne fut point perdu pour le chef du gouvernement d'alors.

M. de Chauvelin fut nommé préfet de la Lys:

et la manière énergique et brillante avec laquelle il contribua à repousser l'invasion étrangère à l'époque de l'expédition anglaise sur Flessingue, le fit appeler au Conseil d'État. Il a rendu, dans cette place, des services éminens dont l'administration éprouve encore l'influence. Mais c'est surtout dans sa carrière législative qu'il faut considérer M. de Chauvelin. Voici ce que disent à ce sujet les auteurs de la *Nouvelle biographie des contemporains*. « Les
» Éphémérides de la Chambre pourraient seu-
» les rappeler ces improvisations brillantes, ces
» à-propos à la fois énergiques et spirituels
» qui n'ont cessé, depuis quatre sessions sou-
» vent orageuses, de signaler ce que nous pour-
» rions appeler le repos de l'orateur éloquent
» dont nous indiquons les travaux. Tous les suc-
» cès de la présence d'esprit; vives apostrophes,
» reparties imprévues, saillies piquantes, atta-
» ques ingénieuses et souvent plaisantes, suc-
» cèdent ou préludent aux opinions écrites qui
» ont classé M. de Chauvelin parmi les premiers
» orateurs de la Chambre. Quand il parle de sa
» place, c'est Beaumarchais; à la tribune, c'est
» Barnave ou Chapelier.

» Les efforts extraordinaires, les travaux de
» M. de Chauvelin avaient porté à sa santé une
» atteinte que l'estime et la reconnaissance pu-

» blique signalèrent hautement à l'inquiétude
» de la nation. Cet intérêt passionné et bien lé-
» gitime entourait, au milieu des troubles dont
» la place Louis XV était le théâtre, en juin
» 1820, la chaise qui transportait l'orateur
» malade à l'assemblée, et le rapportait à sa mai-
» son. Sa maladie devint séditieuse ; et la pro-
» tection indispensable donnée par les citoyens
» aux infirmités d'un compatriote, et d'un des
» plus fidèles défenseurs de nos libertés, fit
» partie d'un procès comme chef d'accusation.
» Ainsi la sûreté individuelle devenait un at-
» tentat contre la sûreté publique. M. de Chau-
» velin a tout oublié; et libre enfin d'inquiétude
» pour sa santé, a repris en 1821 une place
» qu'il honore et dont il est honoré, place à la-
» quelle les libres suffrages de ses concitoyens
» l'ont encore rappelé en 1822.

LE TABLEAU.

L'esprit, la force et la grâce qui caractérisent M. de Chauvelin, respirent dans ce portrait, qui est largement traité, et cependant touché avec beaucoup de finesse.

(N° X.)

MM. MADIER DE MONTJAU,

PÈRE ET FILS.

*Justum et tenacem propositi virum,
Non civium ardor prava jubentium,
Non vultus instantis tyranni,
Mente quatit solidâ.*

Le juste est inébranlable. Au milieu des cris d'un peuple en fureur, sous le glaive de la tyrannie, son ame reste invincible.
(HORACE.)

M. MADIER DE MONTJAU père a été l'un des hommes qui, pendant la révolution, se sont prononcés avec le plus de franchise pour les institutions monarchiques et la dynastie des Bourbons. Il était sincère dans ses opinions, et cette bonne foi, si rare de nos jours, annonce une indépendance de caractère et un dévouement honorables dans tous les partis. Victime de fructidor, M. de Montjau était loin de s'attendre à voir, plus tard, un fils élevé dans ses principes, accusé et traité comme une espèce de *révolutionnaire*.

Ce fils, plein de fidélité pour la cause royale,

mais partisan déclaré de la liberté constitutionnelle, magistrat courageux, citoyen dévoué aux intérêts de son pays, après avoir fait tous ses efforts pour prévenir ou calmer les sanglantes réactions de Nîmes, et déployé une grande énergie dans la poursuite des assassins, révèle tout-à-coup dans une pétition aux chambres législatives l'existence d'un *gouvernement occulte*.

Traduit devant la Cour de cassation, au sujet de cette pétition et du refus de nommer les révélateurs qui s'étaient confiés à lui, M. Madier de Montjau réclame en vain le droit de choisir un défenseur dans le barreau de Paris. On voulait qu'il désignât le nom de cet avocat avant de délibérer si on le lui accorderait. Il résiste à cette exigeance, et prépare sa défense écrite.

On se rappelle encore l'effet prodigieux de cette défense devant la Cour de cassation. Il y parut, ayant à ses côtés son vénérable père ainsi que M. Dupin, son conseil et son ami. L'audience était présidée par M. de Serres, garde-des-sceaux.

Après les plaidoiries, M. de Lally-Tollendal, qui se connaît en courage et en éloquence, embrassa et félicita le jeune magistrat. Il reçut à Paris le plus brillant accueil.

Le peintre a saisi M. Madier de Montjau fils, dans l'instant où il relève le mot *sérieusement* dont s'était servi M. le garde-des-sceaux, en l'interrogeant sur l'existence du *gouvernement occulte*.

LE PORTRAIT.

Cette situation intéressante et l'émotion qui en résulte donnent au dernier portrait un caractère particulier, et attirent sur lui les regards. Les arts vivent de passion jointe à l'imitation fidèle de la nature : aussi doit-on rendre justice à la fois à la belle et forte expression du portrait de M. de Montjau fils, et au coloris franc, large, vrai, de celui de M. de Montjau père.

[N° XI.]

LE GÉNÉRAL DROUOT.

> Drouot est un Caton : c'est un homme qui sent son Aristide.
> (NAPOLÉON.)

Le général Drouot rappelle les vertus modestes, le désintéressement, la bravoure, les talens militaires de Catinat. Ces deux hommes illustres ont une physionomie antique; ils vivront tous les deux dans les fastes de la gloire française et dans l'avenir le plus éloigné : la nation les proposera pour modèles à ses guerriers.

Le comte Drouot, lieutenant-général, entra dans l'artillerie en 1793 comme lieutenant, fit toutes les campagnes de la révolution, passa en Égypte avec Bonaparte, et servit, à son retour en France, dans l'artillerie à pied de la garde impériale, où il occupait, en 1809, le grade de major. Devenu général de brigade, il acquit en peu de temps, par son intrépidité, son sang-froid dans le danger et la justesse de son coup-d'œil, la réputation d'un des généraux les plus braves et les plus habiles de l'armée.

Napoléon ne tarda pas à apprécier les brillantes qualités de cet officier, et l'attacha comme aide-de-camp à sa personne le 7 mars 1813. A la bataille de Lutzen, il rendit un éminent service en chargeant l'ennemi au galop à la tête de l'artillerie légère. Il se signala de nouveau à la bataille de Bautzen, où il fut promu au grade de général de division. Attaqué à Wachau où il commandait l'artillerie de réserve, par la cavalerie ennemie très-supérieure en nombre, il ordonna à ses canonniers de former leurs pièces en carré et de charger à mitraille ; ce mouvement, exécuté avec précision, mit dans un moment l'ennemi dans une déroute complète. Le général Drouot ne montra pas moins de valeur à Hanau contre les Bavarois, à Nangis, et surtout au défilé de Vauclor qu'il franchit sous le feu de soixante pièces de canon qui en défendaient le passage.

Dévoué par reconnaissance à la personne de Napoléon, le général Drouot le suivit à l'île d'Elbe dont il fut nommé gouverneur militaire, et revint avec lui en France.

Créé pair le 2 juin 1815, il partit peu de jours après pour l'armée, et se trouva à la bataille de Waterloo ; avec ses talens et son intrépidité ordinaire, il contribua à rallier sous les murs de Laon les troupes dispersées par ce désastre.

Compris dans l'ordonnance du 24 juillet, il n'hésita pas à se constituer prisonnier à l'Abbaye. Le général Drouot montra, dans cette circonstance, le même caractère de magnanimité, la même assurance qui l'avaient distingué jusqu'alors. Il comparut devant ses juges après une captivité de près d'une année, avec le calme d'une grande ame et la fermeté d'un grand courage : cette fois, la vertu rencontra la justice. Le général Drouot fut acquitté. Lorsque le roi fut informé du résultat du jugement, il fit défendre au ministère public de se pourvoir en révision : résolution vraiment royale et plus propre à affermir un trône que l'exil et les proscriptions.

Le général Drouot est rentré dans la vie privée, et c'est le guerrier redevenu citoyen qu'Horace Vernet présente à nos regards.

LE TABLEAU.

Sous l'habit modeste qui le couvre, on ne reconnaît plus le vainqueur de Wachau, de Vauclor; mais dans les traits de cette physionomie calme et sévère, dans ce regard pensif, dans cette pose ferme et modeste, on retrouve le sage d'Horace, le philosophe inébranlable aux coups de la fortune, l'homme qui place la vertu au-dessus de la gloire, et la patrie au-dessus de tout.

Le même talent d'exécution nous force à répéter le même éloge; ce portrait, comme ceux de MM. Dupin et Madier de Montjau, atteste un pinceau tout à la fois rapide et scrupuleux qui rencontre toujours l'effet, sans le chercher hors de la nature et de la vérité.

[N° XII.]

VUE DU VÉSUVE.

Vidimus undantem, ruptis fornacibus, Ætnam,
Flammarumque globos, liquefactaque volvere saxa.

Le volcan ouvre ses entrailles ; il vomit des torrens de feu, des masses brûlantes et des flots de lave embrasée. (VIRGILE)

UNE petite montagne, que le peintre place ordinairement dans le lointain, et qu'il couronne d'une gerbe de feux et d'une colonne de fumée, n'a jamais satisfait mon imagination, dans les tableaux destinés à représenter l'effet des volcans. En vain a-t-on soin d'entourer d'une obscurité profonde, ces sillons lumineux, ces flammes rouges, ces reflets, ces torrens de lave : je cherche quelque chose de plus grand, de plus terrible ; mon esprit, épouvanté à la seule idée de ces arsenaux souterrains, n'en retrouve aucune imitation, dans ces images mesquines qu'on lui présente ; il demande un volcan ; l'artiste lui montre un feu d'artifice.

M. de Forbin, sans l'avoir vaincue, avait éludé la difficulté avec une grande supériorité de talent : il avait montré l'éruption dans ses terribles effets ; il avait ajouté à l'intérêt physique celui des plus nobles et des plus touchans souvenirs. Horace Vernet a été plus hardi, il s'est approché du cratère ; il a conduit le spectateur jusqu'à l'ouverture du foyer souterrain. Son tableau représente cette bouche terrible creusée au sommet de quelques roches arides et calcinées. De là s'échappe, non une flamme légère et volatile, mais une flamme dense, épaisse, forte, et, pour ainsi dire, solide ; si l'enfer a une entrée, ce ne peut être que celle-là ! Que ce volcan est magnifique dans sa fureur ! Que ces torrens de feux sont beaux et terribles ; que la nature est stérile autour de ce gouffre enflammé ! Tel est le despotisme, dans les régions malheureuses où il domine ; il fait payer bien cher sa pompe aride et sa désastreuse magnificence.

Le grand effet de ce tableau tient à l'opposition si pittoresque du ciel d'Italie, de la fournaise qui occupe une si grande partie du tableau, et de l'horreur sombre du paysage. Parmi quelques voyageurs qui gravissent le formidable rempart du cratère, on remarque M. Horace Vernet lui-même.

Cette production de l'artiste est peut-être celle qui rappelle de la manière la plus frappante le pinceau de son aïeul *Joseph Vernet*. Personne n'a porté plus loin que ce dernier l'art de reproduire les tons et les couleurs de la nature avec une énergie qui n'exclut pas le fini du travail. Ce sont précisément les caractères qui distinguent *la Vue du Vésuve*.

[N° XIII.]

LA MORT DE PONIATOWSKI.

Il ne meurt pas; il cesse de vaincre.
(MASCARON.)

L'AMI, le compagnon d'armes de Kosciusko, Joseph Poniatowski, commandait les bataillons polonais qui ont si long-temps, et avec tant d'honneur, combattu sous les drapeaux de la France. Ce guerrier, qui joignait au génie militaire les talens de l'administrateur, n'oublia jamais l'humiliant partage de la Pologne, et sa vie entière fut consacrée à la réparation de ce grand outrage du despotisme contre l'indépendance des peuples. En vain Catherine et Paul Ier lui firent les offres les plus brillantes, pour l'attirer à leur service; il ne voulut servir que les Français, dans lesquels il croyait voir les futurs libérateurs de sa malheureuse patrie.

La funeste et glorieuse bataille de Leipsick, où la trahison seule de nos perfides alliés put arracher la victoire à nos armes, fut le terme des exploits et de la vie du prince Poniatowski. Chargé de couvrir la retraite de l'armée, il se trouva, avec une suite peu nombreuse, sur les bords de l'Elster, dont les Français avaient déjà fait sauter le pont. Dans un danger aussi pressant, le brave et infortuné Poniatowski se précipite, sans hésiter, dans les flots, s'abandonnant à son cheval, qui ne put surmonter la rapidité du fleuve. Ainsi périt, avec gloire, le dernier rejeton d'une illustre famille, le héros de sa patrie, l'espoir de sa liberté. Son corps fut retrouvé dans l'Elster, couvert de blessures.

LE TABLEAU.

Le peintre a choisi le moment où Poniatowski, après que le pont de Lindenau eut sauté, chercha à franchir l'Elster. Le héros est lancé sur l'abîme; on sent, au prodigieux effort de son cheval, qu'il atteindra l'autre rive; mais l'endroit est tellement escarpé! il ne fera que toucher la terre, et roulera dans les flots, où son maître intrépide va trouver la mort. L'illustre guerrier a prévu le sort qui l'attend; il a détourné la tête, et on peut lire sur sa figure la courageuse résignation dont il est armé. L'officier qu'on voit sortant de l'eau sur la rive gauche de l'Elster, est M. Ledieu, alors lieutenant dans le 85ᵉ régiment de ligne, et depuis élève de M. Horace Vernet.

[N° XIV.

L'HOSPICE DU SAINT-GOTHARD.

Denn hier, wo Gotthards Haupt die Wolken übersteiget,
Und der erhabnern Welt die Sonne næher scheinet, etc.

C'est un monde plus élevé ; c'est le sommet du Saint-Gothard que le soleil éclaire de si près, sans pouvoir triompher de ses glaces éternelles. (Haller.)

En 1793, le duc d'Orléans, forcé de quitter successivement les différens endroits où il avait essayé de se fixer en Suisse, fut réduit à errer dans les parties les plus sauvages et les moins fréquentes des Alpes, et à dérober soigneusement ses traces à ceux qui le persécutaient. A peine arrivé dans un lieu, il apprenait que son asile était découvert, et se hâtait de le quitter. Un seul domestique l'accompagnait. Toujours à pied, presque sans ressources, il lui arrivait quelquefois de demander vainement l'hospitalité, pour lui et pour son fidèle serviteur (Baudouin, l'un de ses palfreniers, qui l'avait accompagné dans son exil).

Le 29 août 1793, le duc d'Orléans se présenta devant l'hospice du Saint-Gothard. Le froid était rigoureux. Il sonna : la porte ne s'ou-

vrit point. Seulement un capucin se montrant à un vasistas, lui cria en italien, d'une voix dure et nasale : « *Che volete?* — Je voudrais,
» lui répondit le duc d'Orléans dans la même
» langue, je voudrais à manger pour mon
» compagnon et pour moi. — On ne reçoit
» pas ici les piétons et les gens de votre espèce,
» reprit le capucin d'un ton sec et dédaigneux.
» — Mais, révérend père, nous paierons tout
» ce que vous voudrez. — Non, non, cette
» auberge-là est bonne pour vous, » répliqua le capucin, en montrant du doigt un mauvais hangard, où des muletiers avaient trouvé un abri.

. . . . « *Seigneur*, que puis-je faire !
» Que de prier le ciel qu'il vous aide en ceci ?
» J'espère qu'il aura de vous quelque souci. »
Ayant parlé de telle sorte,
Le révérend *ferma sa porte* (1).

LE TABLEAU.

Dans ce tableau, le duc d'Orléans est représenté au moment où il demande asile, et où le capucin entrouvre la petite fenêtre, pour intimer brièvement son refus. A quelque distance, sur un plan à la fois plus bas et plus

---

(1) La Fontaine.

éloigné, on aperçoit le hangard où le duc fut obligé de passer la nuit. Le domestique porte quelques effets, et attend le résultat de la négociation.

On peut dire que ce tableau *fait froid* à la seule vue. Un gris jaunâtre y domine, et donne l'idée la plus complète d'une stérilité causée par l'extrême rigueur du climat. La paysanne suisse, dont l'œil distingue au loin le vêtement national et bizarre, établit de suite la localité. La structure même de l'hospice annonce un mélange des habitudes italiennes et valaisannes; elle tient du couvent et du chalet à la fois. Les montagnes lointaines, le ciel pâle, la lumière, dont la teinte morte éclaire l'ensemble, tout indique une nature âpre et glacée, qu'une vie paresseuse et inactive anime faiblement et avec peine.

Dans cette monotonie de couleur, dans cette expression si simple des personnages, le peintre a jeté du charme et de la variété. Une heureuse perspective a sauvé, par l'effet piquant du dessin, la fatigue qu'un ton uniforme et mat eût causé à l'œil : et si les regards pénètrent, avec un plaisir mêlé d'effroi, dans ces solitudes des Alpes, dont les masses forment des lignes si bizarres, la pose noble et franche du voyageur, la physionomie monacale du capucin inhospitalier, jettent de l'intérêt sur la scène, et inspirent plus d'une réflexion utile, sur la charité des couvens et sur le courage nécessaire aux princes, courage dont le duc d'Orléans a donné, en plusieurs circonstances, de si nobles exemples.

Il y a dans cet ouvrage une vérité relative qui satisfait l'esprit. Tout est en harmonie; et tout, cependant, est d'imagination. L'hospice était détruit quand M. Vernet fit son tableau; et il n'a pu se procurer, sur la localité qu'il avait à reproduire, des renseignemens tout-à-fait exacts. Ce fait ajoute encore au mérite d'une composition, dont l'illusion est parfaite, et que l'on croirait avoir été tracée sur les lieux mêmes.

[Nos XV et XVI.]

(XV.) UNE ODALISQUE,

TENANT UN SABLIER.

(XVI.) UNE MADELAINE PÉNITENTE,

Appartenant à M. de Jassau, lieutenant des gardes-du-corps.

> Vains ornemens, inutile imposture,
> Disparaissez ; la seule nudité
> Fut en naissant, le fard de la beauté :
> Mais la laideur inventa la parure.
> (IMBERT.)

> *Læta venire, Venus; tristis abire soles!*
> O déesse de l'Amour ! les plaisirs t'accompagnent, et les regrets te suivent.
> (ANC. POETE.)

Que fait-elle ? que désire-telle ? à quoi peut-elle penser, cette grande Odalisque nue et couchée sur une peau de lion qui fait ressortir la blancheur de sa peau ? Un sablier est entre ses doigts. Attend-elle avec impatience l'amant qui doit venir bientôt ? Non, le plus léger désir n'anime pas les yeux de cette fille de l'Orient. En vain la mollesse du luxe, et tous les raffinemens de la volupté asiatique l'entourent : elle presse avec insouciance les riches tapis qui soutiennent ses membres délicats. Elle n'est ni embarrassée de sa nudité, ni inquiète sur l'objet de ses amours. Elle n'est pas même sous le charme de la volupté. C'est une esclave qui attend son maître.

L'artiste a fidèlement conservé les mœurs de l'Orient. Malheureusement, ces mœurs, qui ôtent à la vie ses prestiges, qui éteignent le feu de l'amour dans le plaisir des sens, offrent peu de ressource aux arts, et peu de séductions à l'imagination et à l'esprit. La beauté sans voile, qui, dans le fond du sérail, attend avec indifférence les caresses d'un maître, est bien moins touchante pour nous, que cette autre femme (1) qui pleure dans le fond des bois les excès de sa vie passée. Les traces même des passions sont brûlantes. Cette ame tendre nous intéresse aux faiblesses qu'elle pleure. Il y a émotion; et l'émotion est, dans les arts, ce que l'électricité est dans la nature; un feu invisible, rapide et contagieux, sans lequel rien ne vit, rien ne se meut, rien ne se communique aux sens et à la pensée.

Il n'est toutefois pas impossible, que cette belle pénitente, dont les yeux pleins de larmes demandent au ciel le pardon de ses longues faiblesses, ne soit la même que cette indolente

---

(1) *La Madelaine pénitente*, n° XVI.

Odalisque, qui regarde si tranquillement couler le sable, en attendant l'heure de l'amour. Le pouvoir de l'imagination remplit en un instant l'espace qui sépare ces deux tableaux. Ma jeune Odalisque a dix-huit ans. Élevée dans la paresse, dans l'unique science des plaisirs et de la beauté, elle a été arrachée à sa terre natale, et vendue à un nabab de l'Inde. Un an s'est écoulé dans un luxe sans bonheur, et dans des voluptés sans plaisir. C'est alors que M. Horace Vernet l'a peinte pour la première fois. Cependant elle a dû connaître l'amour. Elle a vu un jeune Européen employé à la compagnie des Indes; elle l'a aimé, elle l'a suivi. Bientôt, abandonnée et livrée à la fois aux écarts des passions et aux mauvais conseils de l'infortune, elle a passé la mer. Hélas! elle n'a pas trouvé dans l'Europe, dans cette vieille patrie de la civilisation et de l'honneur, une main secourable qui l'arrachât à son triste sort. Un chanoine l'a convertie, un cardinal l'a prise pour maîtresse. C'est sur ce pied qu'elle se trouve à Rome. Le cardinal meurt et la laisse sans ressources. Les malheurs de sa vie la jettent dans la dévotion. Elle se repent. Un beau jour, elle quitte les cardinaux, les chanoines, emporte une bible et une tête de mort, un chapelet et un scapulaire, et s'enferme dans une grotte, où elle vit d'aumônes. Vous la voyez;

elle s'appuie sur un rocher, et son corps flétri semble succomber sous le repentir, sous la douleur, sous les macérations et les jeûnes.

Plaignons cette pauvre odalisque, et pardonnons-lui son apathie voluptueuse, en faveur de ses peines et de son repentir. Mais combien elle est changée! Ici, ses chairs sont d'une teinte si fraîche et d'une si remarquable consistance, que l'on serait tenté de les prendre pour du marbre rose; là, son corps est flétri, pâle, affaissé. Comme les larmes ont rougi, comme les élans de la piété et le feu des passions éteintes ont marqué d'un caractère de tristesse et de tendresse ces beaux yeux noirs!..... Mais cette dernière observation me prouve que je me trompais : l'Odalisque est blonde, et la Pénitente est brune ; ce n'est pas la même personne. Je le vois enfin; celle-ci est une Madelaine véritable, telle que nous la présentent les traditions chrétiennes et telle que les arts sont en possession de nous la retracer depuis plusieurs siècles.

Le pinceau spirituel de l'artiste a eu soin de traiter différemment les objets mêmes qui entourent la Bayadère et la Pénitente. La roche et les tristes instrumens de piété sont touchés avec une espèce de négligence et de fougue, tandis que les tapis des Indes, le *houka*, les vases, dans le portrait de l'Odalisque, sont traités avec un fini extrême, et défient, dans leurs détails précieux et brillans, le pinceau *microscopique*, de *Miéris* lui-même.

Ces deux tableaux, preuves nouvelles de la singulière diversité des talens de M. Vernet, approchent chacun, sur une ligne opposée, sinon d'un défaut, au moins d'un écueil. Dans l'un, la facilité du pinceau s'est peut-être un peu trop abandonnée à sa verve rapide ; dans l'autre, la pureté du dessin est poussée jusqu'à la recherche, et le coloris bizarre, les contours arrêtés avec une fermeté inconnue depuis le *Cimabue,* étonnent plus qu'ils ne séduisent, et n'attestent que la flexibilité merveilleuse d'un talent, qui s'approprie jusqu'aux singularités des autres maîtres.

« La chose presque impossible en peinture, » disait David, c'est une femme couchée, ab- » solument nue. » Nous ne croyons pas que M. Vernet soit parvenu à résoudre entièrement le problème proposé par le grand maître de la peinture moderne.

M. Ingres, il y a trois ans, essaya aussi de représenter, dans la même attitude, une Odalisque, sans aucun voile, et ne triompha pas de la difficulté. La dernière singularité de ce rapprochement, c'est que la même manière se retrouve dans les ouvrages de ces deux peintres, et qu'ils aient voulu, tous deux, vaincre le même obstacle par les mêmes moyens, c'est-à-dire par une extrême simplicité de composition, par une couleur étudiée, et par une imitation éloignée du *Giotto*.

[N° XVII.]

JOSEPH VERNET

Se fait attacher sur l'avant d'une felouque, pour peindre une tempête d'après nature (1).

> J'ai failli me noyer ; mais j'ai fait ma tempête.
> (L'Enthousiaste, comédie de Beaunoir.)

« Joseph Vernet, rappelé dans sa patrie en
» 1752 pour peindre *les ports de la France*,
» quitte l'Italie et s'embarque à Livourne dans
» une petite felouque. Pendant la traversée,
» une violente bourrasque s'élève et menace
» de briser le frêle bâtiment sur les rochers.
» Au milieu des vives alarmes de l'équipage
» et des passagers, J. Vernet n'éprouve d'au-
» tre crainte, que celle de ne pas voir assez
» bien et d'assez près l'admirable spectacle
» d'une tempête. Attaché sur l'avant du bâti-
» ment, et de là, contemplant avec ravissement
» la scène terrible qui s'offre à ses regards,
» il confie en même temps à sa mémoire et

(1) Ce tableau est le seul, que M. Horace Vernet ait exposé au Salon du Louvre, en 1822.

» à son album, les effets fugitifs d'un ciel ora-
» geux et d'une mer en courroux. »

Telle est la scène que M. Horace Vernet a voulu peindre : tels sont les termes dont il s'est servi pour l'expliquer.

Elle demandait à la fois la connaissance et l'imitation hardie et fidèle des grands effets de la nature, et le talent plus rare peut-être de l'expression.

Pour que l'enthousiasme du peintre portât avec lui un intérêt puissant, il était indispensable de montrer l'effroi des passagers, leur péril et leur trouble. Comment rendre la mer terrible, sans la peindre dans un assez vaste espace et sans diminuer les figures qui s'y trouvent jetées ? D'un autre côté, si de très-petites figures eussent semblé se perdre dans un Océan immense, comment réussir à leur donner l'expression convenable ?

Des vagues énormes élèvent, suivant l'expression de Virgile, *des montagnes dans la mer*. Sur l'une de ces vagues est suspendu, de la manière la plus périlleuse, l'avant de la felouque qui porte J. Vernet. Dans cette position oblique, la barque, qui fait un angle très-ouvert avec l'horizon, semble prête à s'engloutir. Tout l'équipage est saisi de frayeur; l'un se précipite à genoux, l'autre s'accroche au premier objet qui se présente. Le pilote qui tient l'aviron, perd son chapeau que le vent emporte et que le spectateur aperçoit au-dessus de sa tête, enlevé par l'ouragan.

On a critiqué cette hardiesse du peintre : « Le mouvement, a-t-on dit, ne peut être » reproduit par le pinceau. » Sophisme. Tout est mouvement dans la nature.

C'est la succession des mouvemens que le peintre ne peut saisir. Il en saisit un, et s'il le rend avec vérité, sa tâche est remplie. Eh quoi ! Bouchardon fera galoper un cheval de marbre, et le peintre ne fera pas voler un chapeau sur la toile !

Une autre critique que j'ai entendu faire, et dont le *Journal des débats* s'est rendu l'écho, me semble encore plus déplacée : on a prétendu que le peintre, en laissant apercevoir la terre dans le lointain, affaiblissait l'idée du danger, et conséquemment l'intérêt : cette réflexion ne peut avoir été faite que par des personnes tout-à-fait étrangères à la navigation, et qui ne savent pas qu'une tempête en mer n'est jamais dangereuse que sur les côtes.

Continuons notre description du tableau. Les vagues sont d'un bleu foncé ; les planches de la felouque, rouges et peintes de couleurs grossières ; les côtes, brunes et enveloppées de ténèbres. On reconnaît là ces habiles oppositions de couleurs, qui sont si familières à M. Horace Vernet.

Sur la partie la plus élevée de la felouque, et au milieu du tableau, le héros de la scène, attaché par un cable, vêtu d'une manière un peu recherchée, contemple, avec ravissement, ce magnifique orage, dont son crayon va fixer les principaux traits sur un cahier qu'il tient de l'autre main. Il paraît plongé dans une profonde extase, tandis que

> Neptune écumant sur sa tête,
> Applaudit aux traits du pinceau (1).

Cette composition est belle et hardie. Peut-être une exécution trop rapide a-t-elle contribué à donner quelque chose de heurté à l'ensemble, et de trop crû à la couleur. Mais si, pour en admirer l'effet, l'inspiration et la belle pensée, il suffit d'avoir des sens accessibles aux émotions que donne la peinture ; il faut être connaisseur pour apprécier ces belles ondes, ces touches dignes de Joseph Vernet lui même, et cette savante et heureuse disposition des parties.

---

(1) Le Brun.

[Nº XVIII.]

PORTRAIT

EN BUSTE

DE MADAME SMITH.

Blandum ridebat.. Jam mentum, jam cervix, jam manus, quales Diana Praxitelis habuit.

Que son sourire est doux !..., la Diane de Praxitèle n'eut pas une pose plus élégante, une main plus belle, un air de tête plus gracieux.

(PÉTRONE.)

CE simple portrait est un chef-d'œuvre de l'art. Ici, rien ne secondait le talent du peintre. Point de mouvemens, point de situations fortes, point d'accessoires heureux. Une nature aimable, mais sans passion, sans activité; une parure très-simple, une demi-figure en repos, voilà tout ce qui s'offrait au pinceau de l'artiste; et, cependant, ce portrait est un tableau. Comme l'air y circule ! Quel sang jeune et frais anime les lèvres et colore le teint de cette dame anglaise ! Comme tout, jusqu'au voile vert qu'elle a sur la tête, paraît emprunté à la nature, exempt de manière, d'afféterie et d'école ! Le pinceau paraît s'être promené librement sur cette toile, comme une baguette magique; il en a fait un miroir. Ce vêtement lourd, que nos dames ont adopté pour l'hiver, le peintre a eu l'art de le draper avec grace, et de s'en servir pour dessiner le bras de son modèle. Appuyée contre une terrasse, dans une espèce de rêverie légère, pleine de naturel et de charme, elle sourit, et rappelle, par sa pose et son ensemble, les lignes du chevalier romain qui servent d'épigraphe à cet article.

Il semble qu'on ne puisse donner trop d'admiration et d'éloges à cette couleur si pure, si vive sans être exagérée, à cette manière large et suave, qui caractérisent ce tableau, et à l'accord charmant qui y règne. Il faut s'arrêter, et s'écrier encore avec Pétrone : « Les mots » ne peuvent atteindre au charme de l'ou- » vrage ! Tout ce que je dirais serait au-des- » sous de sa beauté (1). »

---

(1) *Nulla est vox quæ formam ejus possit comprehendere. Quicquid dixero minùs erit.*

[Nº XIX.]

LE SOLDAT DE WATERLOO.

Tears, big tears gush from the rough soldier's lid.
..............His tread is on an empire's dust;
The grave of France, the deadly Waterloo.

De grosses larmes tombent des yeux du vieux soldat : il foule la poussière des braves, le cercueil de la France, les champs de Waterloo.

(Lord Byron.)

Un jour s'est écoulé depuis la bataille. Les derniers traîneurs ont quitté la plaine. Tout est silencieux dans ces champs funéraires, que couvraient hier des milliers d'êtres humains. Là, vingt rois ligués contre un chef; là, trente nations unies contre un peuple, ont attaqué avec crainte, et, long-temps vaincus, ont enfin triomphé sans honneur. Les cris de mort, de terreur ou de victoire, retentissaient hier encore dans ces lieux; huit cents pièces de canon tonnaient sur ces collines désertes : leurs formidables éclats répétés par les échos du Mont-Saint-Jean, le galop rapide des coursiers de la Sprée et de la Vistule, de la Tamise et du

Tage, de la Seine et du Dniéper, le commandement, les marches, les attaques, le choc terrible de trois cent mille soldats rassemblés de tous les coins du monde; quel tumulte! quel désordre que celui de la veille! quel repos que celui du lendemain!

Le soleil se couche. Ses derniers feux ensanglantés semblent avoir emprunté, aux plaines qu'il éclaire encore, une teinte de carnage et de terreur. La terre est jonchée de cadavres; la France a succombé. Vingt rois ont conduit leurs nombreux sujets contre un seul prince dont la grandeur les épouvantait. Ils ont triomphé cette fois; la trahison était leur alliée. Qu'ils modèrent leur orgueil!

Hélas! ne sont-ce pas là ces aigles tant de fois victorieuses, ne sont-ce pas nos drapeaux, que je vois souillés de sang et traînés dans la poussière? Ces pièces de canon renversées, n'ont-elles pas foudroyé les Russes à Smolensk et les Prussiens à Austerlitz? N'ai-je pas reconnu nos vieilles bannières et toute la magnificence de nos camps à moitié ensevelies sous la fange trempée de sang humain! Ah! que ces souvenirs d'une gloire immortelle restent cachés au sein de la terre, et qu'un insolent ennemi n'en fasse pas les trophées menteurs d'une indigne victoire!

LE TABLEAU.

Ces pensées sont écrites sur le front du grenadier blessé. Il se repose avec douleur sur un tertre sépulcral, où dorment d'un sommeil glorieux quelques-uns de ses compagnons morts sur le champ de bataille. Il s'est efforcé d'ensevelir les honneurs de l'armée. La fatigue l'accable : et l'œil fixé sur ces débris, la tête appuyée sur sa main, il donne un dernier soupir à ses drapeaux, et une dernière pensée à notre gloire.

Qui verra jamais, sans en être touché jusqu'aux larmes, cette figure d'une expression si déchirante! cette simple croix de bois qui indique la sépulture des soldats de la patrie! Après avoir parcouru le monde en vainqueurs, ils ont pris possession de quelques pieds de terre, loin du foyer domestique et des larmes de l'amitié. Que cette terre leur soit légère, et que leur mémoire n'éprouve jamais l'oubli de l'ingratitude!

[N° XX.]

LE SOLDAT LABOUREUR.

*Scilicet et tempus veniet, cùm, finibus illis,
Agricola, incurvo terram molitus aratro,
Exesa inveniet scabrâ rubigine pila,
Aut gravibus rastris galeas pulsabit inanes,
Grandiaque effossis mirabitur ossa sepulcris.*
(Virgile. Georg.)

Un jour le laboureur, dans ces mêmes sillons,
Où dorment les débris de tant de bataillons,
Heurtant avec le soc leur antique dépouille,
Trouvera sous ses pas des dards rongés de rouille;
Entendra retentir les casques des héros,
Et d'un œil affligé contemplera leurs os.
(Delille.)

Jetez maintenant les yeux sur ce guerrier cultivateur, qui, après le travail du jour, poussant au hasard l'instrument du labourage, heurte et fait rouler sur le sol le casque rouillé d'un soldat français. Que de réflexions s'emparent de son ame! On sent que le temps n'est pas éloigné où il faisait un autre usage de son énergie, et que de puissans souvenirs le possèdent. La charrue s'éloigne, et le soldat, seul avec lui-même, les regards arrêtés sur ces débris, ne résiste plus au pouvoir de son imagination.

LE SOLDAT LABOUREUR.

Que se passe-t-il dans cette ame généreuse, dans ce cœur affermi contre tous les dangers, que les malheurs même de la patrie n'ont pu abattre, et qu'une seule idée de gloire fait encore palpiter? Vous le voyez, une tristesse calme, répandue sur ses traits, vous annonce que sa pensée est absente; ce casque vide et brisé l'a entraîné vers d'autres lieux et de tristes souvenirs. Elle erre sans doute sur le dernier champ de bataille où il s'est distingué par ses exploits, où il s'est montré digne de la plus chère récompense, du signe sacré de l'honneur. Dans le silence qui l'environne, il entend les chants belliqueux qui annoncent les périls, et qui cette fois n'annonçaient pas la victoire.

Les scènes dont il fut témoin se retracent à son imagination. C'est là que le premier élan des Français étonna et repoussa l'ennemi; que les bataillons de l'étranger furent enfoncés et rompus; c'est là que leurs redoutes meurtrières suspendirent l'attaque; c'est là que la trahison vint à leur secours, et qu'après des prodiges de valeur, une nouvelle armée ennemie nous arracha la victoire. Ce guerrier, dont l'expression est si touchante, ne vous dit-il pas : C'est là que j'ai combattu, là, que j'ai versé mon sang pour mon pays?

Oui, vous le reconnaissez; c'est le même guerrier que vous venez de voir à Waterloo, assis sur la terre fraîchement remuée qui recouvre les restes mutilés de ses compagnons d'armes.

Il est de retour sous le chaume de ses pères, ce guerrier dont les mains pieuses ont creusé le tombeau des braves. Il cultive le modeste héritage qui assure son indépendance. Au déclin du jour, il pense profondément à ses succès, à ses revers, mais du moins il retrouvera sa famille; une compagne chérie versera dans sa coupe un vin généreux; il embrassera sa mère, il caressera son jeune enfant, et le sourire reviendra sur ses lèvres.

LES DEUX TABLEAUX.

Ce qu'il y a de plus merveilleux dans le génie du peintre, c'est la faculté d'exprimer les sentimens qui agitent l'ame, de nous faire lire dans le cœur de ses personnages, de nous faire partager ces émotions intérieures qui n'ont point le caractère frappant des passions ardentes, et ne se manifestent au dehors que par le calme douloureux des pensées mélancoliques. C'est le triomphe du pinceau, c'est le secret de l'artiste qui vient de nous offrir le *Soldat de Waterloo* et le *Soldat laboureur*.

Ces deux tableaux sont un véritable poëme en deux chants, dont le titre pourrait être *la Vie du soldat citoyen*. Le dévouement à la patrie, la blessure du brave, les larmes versées sur les dépouilles mortelles des héros expirés, le regret d'une gloire tout-à-coup obscurcie, cette pieuse et noble vénération pour les insignes de la victoire; voilà les pensées philosophiques et touchantes qui ont inspiré le premier de ces tableaux. Le respect pour les lois, non moins héroïque que la bravoure sur le champ de bataille, les travaux de la paix succédant aux travaux des camps, la force des souvenirs dans une ame énergique et dans un esprit ferme et noble, quoique peu cultivé : telles sont les hautes et simples idées que renferme le second tableau.

Honneur à l'artiste dont le talent a découvert de si nobles sources d'inspiration! Il n'a dédaigné ni la bure du laboureur, ni l'uniforme poudreux du grenadier. Il nous a fait verser des larmes sur les regrets, les blessures et les souvenirs du défenseur de la patrie. Il a laissé à d'autres les séduisantes fictions de la Grèce, les scènes de volupté ou d'héroïsme des autres peuples. Il a éveillé les plus puissantes

7*

émotions de nos cœurs : il a consacré notre grandeur dans nos triomphes, dans nos désastres et dans nos malheurs. La reconnaissance et l'admiration publique sont sa récompense.

[N₀ XXI.]

LE DEUXIEME RÉGIMENT

DE GRENADIERS ROYAUX,

COMMANDÉ PAR LE GÉNÉRAL TALHOUET.

> Rien de plus opposé au beau dans les arts que l'exactitude et la symétrie, l'ordre rigoureux et les figures géométriques. J'en atteste ces vieux jardins, dont les possesseurs croyaient avoir fait merveille, en changeant leurs arbres en pyramides, en boules, en colonnes, en pains de sucre; et leurs parterres, en carrés, en cercles, en triangles, en étoiles, en polygones. (*Du beau et du sublime*, par BURKE.)

Ici, la scène et les personnages sont bien plus paisibles que dans les deux tableaux précédens. Pas un grain de poussière ne dépare ces habits d'uniforme. Ces bottes à l'écuyère brillent d'un éclat sans pareil. Le daim qui a fourni l'étoffe de ces pantalons, l'emporte en blancheur sur le duvet du cygne. Comme ces chevaux semblent se complaire dans le lustre heureux de leur embonpoint! Tous ces visages sont rians et fleuris; tout, dans cette composition militaire, respire le calme et la paix. La belle chose pour un général qu'un régiment d'une si belle tenue ! mais la triste chose pour un peintre ! Il n'a que quatre couleurs à employer : le rose des carnations, le bleu des uniformes, le blanc des pantalons, et le beau noir des bottes. Dans une revue militaire, le mouvement est défendu ; la pyramide pittoresque est impossible ; la ligne droite est de rigueur ; et je défie que toutes les combinaisons de l'imagination humaine puissent venir à bout de donner un sujet plus effrayant pour le pinceau, et plus ingrat pour l'artifice.

LE TABLEAU.

M. Vernet n'a rien changé ni rien ajouté au sujet qu'il avait à rendre ; et il s'est fait admirer à la fois des artistes et du vulgaire, des amateurs et des femmes. Ce tour de force est certainement l'un des plus remarquables que l'art de peindre ait produit de nos jours. Privé de toutes les ressources du talent, de l'expression, des contrastes, du mouvement, de la variété des tons, de la liberté d'ajouter des scènes épisodiques, il s'est sauvé par l'extrême vérité des attitudes militaires, la beauté du dessin, le jeu admirable de la lumière, la finesse et la diversité des nuances, et le talent de mettre, pour ainsi dire, en relief, hors de la toile, chacun des personnages, sans mou-vement, mais non sans vie, et soumis à la machinale attention de la discipline, mais prêts à marcher, à parler, à penser, à respirer au besoin.

[N° XXII.]

LE CAMOËNS

SAUVANT SES MANUSCRITS DU NAUFRAGE.

No mundo paucos anos et cansados vivi, etc. etc.

Peu d'années avaient passé sur mon berceau, que déjà la destinée m'avait imprimé sa marque fatale. Hélas, je la gardai toujours, et le malheur me fut fidèle : arraché aux bras de mon amie, je commençai, pour ne jamais finir, mon pélerinage d'infortune, et les vagues de l'Océan immense jetèrent mon corps sanglant sur les roches de Cambaye.

(Le Camoëns, sonnet xiv.)

C'était un poëte que ce Camoëns, honneur de la littérature portugaise. Les Muses l'accompagnèrent dans ses longs voyages et jusque dans les camps. On dirait de lui avec raison :

— *Multum ille et terris jactatus ab alto.*
Errant en cent climats, triste jouet des flots.

Le Camoëns fit admirer son courage en Europe, en Afrique et sur les rivages de l'Inde. Exilé sur les confins de la Chine par la basse envie d'un vice-roi, il essuya un naufrage, et vécut cinq ans dans le pays de Cambaye, où il lutta énergiquement contre une infortune de tous les jours. Ce fut dans cette contrée sauvage qu'il acheva sa Lusiade, où de grandes beautés rachètent de grands défauts. L'épisode d'*Inès de Castro*, la description du géant *Adamartos*, gardien du cap des tourmentes, ont élevé le Camoëns au rang des grands poëtes.

Il est à la fois le Tasse et le Pétrarque portugais. Ses *Canzone* sont pleines de charmes, et ses *Sonnets* amoureux, parmi des traits de mauvais goût, offrent des pensées touchantes et délicates.

Camoëns fut négligé et persécuté pendant sa vie; il mourut dans un hôpital; mais, après sa mort, on lui rendit justice, et une reconnaissance tardive grava sur son tombeau les mots suivans:

« Ci-gît Louis Camoëns, prince des poëtes de son temps. »

Horace Vernet a peint Camoëns faisant naufrage sur la côte de Cambaye, et se soutenant sur les flots, sa *Lusiade* à la main.

LE TABLEAU.

Le poëte vient d'être jeté contre une roche. Les vagues qui l'ont apporté, reculent et le laissent un moment à sec. On les voit se retirer en écumant, et former devant lui, comme une enceinte liquide, prête à retomber plus terrible. Il a sauvé son manuscrit. Il l'élève au-dessus de sa tête, avec l'expression d'une joie exaltée, pour le garantir d'un nouvel outrage. L'arc-en-ciel, qu'on aperçoit au loin, et les cavernes de la côte, annoncent à la fois la fin de l'ouragan, le salut du poëte et la conservation du monument de sa gloire.

Sous les pieds du poëte, un nègre, admirablement bien dessiné, et qui a vainement essayé de sauver des objets précieux, est étendu mort sur le rivage.

La pose du Camoëns est inspirée, et le pinceau qui a si bien deviné l'enthousiasme poétique et l'attitude triomphante de l'homme de génie qui vient d'arracher son chef-d'œuvre à la destruction, a été guidé lui-même par un enthousiasme heureux qui perpétuera son souvenir.

Le costume est exact et l'effet piquant. Cependant, soit que l'auteur ait retouché son ouvrage avec un soin trop minutieux, soit que la finesse des détails ait nui à l'ensemble, soit qu'il faille attribuer cette impression à quelques *pentimenti* trop tardifs ou trop nombreux ; il semblerait que ce tableau, d'ailleurs distingué sous plusieurs rapports, n'a pas toute la franchise et toute la naïveté qui se font remarquer dans les autres compositions du même peintre.

[Nos XXIII, XXIV, XXV, XXVI, XXVII, XXVIII.]

SCÈNES DE MOLIÈRE,

POUR L'ÉDITION NOUVELLE DE M. DESOER.

Ætatis cujusque... notandi sunt tibi mores.
Gardez à chaque siècle son caractère et sa couleur.
(Horace.)

XXIII. *Scène du Misanthrope.* L'assemblée.

- Allons, ferme ! poussez, mes bons amis de cour.-
(Act. II, sc. IV.)

Dans une salle richement meublée, qui laisse apercevoir un jardin dans le goût du siècle de Louis XIV, un cercle élégant se trouve formé. La malice anime les figures de ces gens de cour, et il est aisé de voir que la médisance y fait seule les frais de la conversation. Deux jolies femmes attirent d'abord les regards, par la coquetterie de leur maintien et la richesse de leurs parures : les yeux se portent ensuite sur les vastes rhingraves, sur les canons immenses et sur les majestueux hauts-de-chausse des aimables de ce temps-là. Le Misanthrope, appuyé sur le dos d'un fauteuil, écoute, avec une dédaigneuse indignation, le scandale qui nourrit l'entretien de ses amis de cour. Le mépris et l'indignation que ce commerce de méchancetés lui inspire, se peignent dans tous ses traits. On voit qu'il va éclater, et que ses lèvres retiennent à peine l'explosion de sa colère.

XXIV. *Dénouement du Festin de Pierre.*

« Oh ciel ! que sens-je ? un feu invisible me brûle ; je
« n'en puis plus et tout mon corps devient un bra-
« sier ardent. Ah! »Le tonnerre tombe avec un grand bruit et de grands éclairs sur don Juan. La terre s'ouvre sous ses pas ; il tombe dans l'abîme au milieu des flammes qui s'en échappent. (Act. v, sc. dern.)

Molière et sa prose simple sont les seuls commentaires de ce petit tableau. Toute cette fantasmagorie, tout ce fracas, ont passé sur la toile. La statue de marbre reste immobile, et comme suspendue sur les feux souterrains qui vont engloutir l'impie. Elle saisit, de son bras glacé, la main tremblante de don Juan, qui chancelle, et qu'un trait argenté foudroie. L'œil soutient à peine l'éclat, les oppositions, la fougue de cette composition fantastique.

XXV. *Scène de l'École des Maris.*

« Le temps presse, il fait nuit ; allons, sans crainte aucune,
« A la foi d'un amant commettre ma fortune. »
(Acte III, sc. 1.)

Le jour tombe; Isabelle est sortie de chez son tuteur : le vieillard qui la prend pour la pupille de son frère, la suit des yeux, caché derrière un coin de rue. Il rit en la voyant se glisser dans l'ombre, et au moment d'entrer dans la maison de son amant.

XXVI. *Scène du Cocu Imaginaire.*

> — A qui donc en veut-on ? — Je n'en veux à personne.
> — Pourquoi ces armes-là ? — C'est un habillement
> Que j'ai pris pour la pluie... (*A part*) Ah ! quel contentement
> J'aurais à le tuer ! Prenons-en le courage.
> — Hai ! — Je ne parle pas... — (Sc. xxi.)

C'est dans quelque ancien bourg de France que la scène se passe; l'auteur a eu soin de nous l'indiquer par l'architecture de ces maisons antiques et basses, dont la charpente est à nu. Le poltron Sganarelle s'est armé de pied en cap, et répond aux questions de Lélie, en baissant son épée, et en le regardant d'un air piteux :

« C'est un habillement que j'ai pris pour la pluie. »

Le costume de Lélie est bien celui du gentilhomme de campagne, vers les dernières années du règne de Louis XIII et de Richelieu. Celui de la femme est en harmonie avec l'époque et la scène; et sa figure un peu sérieuse prouve, si l'on veut, la sagesse de sa conduite.

XXVII. *Scène de l'École des Maris.*

» ... Et voici dans ma poche un écrit important
» Qui vous enseignera l'office de la femme.
» . . . .
» Tenez, voyons un peu si vous le lirez bien. »
(Acte III, sc. II.)

LE bon Arnolphe est étendu dans un fauteuil à bras, placé dans son petit jardin. Devant lui Agnès debout, modestement vêtue, lit, d'une voix solennelle, les *Maximes du Mariage, ou les Devoirs de la femme mariée, avec son exercice journalier.*

XXVIII. *Scène des Précieuses Ridicules.*

MASCARILLE. — « Je vais vous montrer une furieuse plaie. »
(Scène X.)

DEVANT une cheminée antique, mais du bon goût d'alors, se trouvent le marquis de Mascarille et le vicomte de Jodelet, son ami et son compagnon d'armes. Ils *s'escriment en beau langage* avec la blonde Cathos et la jolie brune Madelon. Jodelet entrouvre sa veste et montre aux dames une cicatrice honorable. Mascarille indique une intention plus hardie par un geste plus prononcé. Les dames protestent qu'il n'est pas besoin de ce témoignage, et qu'elles croiront sans regarder.

COUP-D'OEIL

Sur les six sujets tirés de Molière.

Nous avons légèrement indiqué le sujet et la composition de chacun de ces petits tableaux. Rapprochons-les maintenant et comparons-les entre eux. Cette méthode fera mieux sentir l'esprit, la variété de manière et la brillante facilité du pinceau de l'artiste.

A la scène de l'*École des Femmes*, qui est tout-à-fait dans le goût de l'école hollandaise, et où une couleur un peu blanche ne nuit ni à la vérité des tons, ni au charme du tableau, opposez le *Festin de Pierre*, où tout est rouge, étincelant, fantasmagorique, et où l'œil étonné cherche en vain une figure ou une nuance qui le rappelle à la vie commune. Comparez entre eux les deux tableaux tirés du *Misanthrope* et des *Précieuses*, ces tableaux si heureusement jetés, si mollement dessinés, si bien dans le genre du siècle auquel ils se rapportent. Enfin, rapprochez de ces cinq tableaux le *Cocu imaginaire*, ses beaux costumes, l'éclat du coloris, la manière large et brillante dont la lumière est répandue, et cherchez ensuite à caractériser d'un mot le talent d'Horace Vernet; vous le nommerez le Protée de la peinture.

Avec quelle flexibilité spirituelle l'artiste,

dans ces petits sujets souvent traités, a su *harmoniser* sa touche avec l'époque et le genre de comique de l'immortel Molière. La scène du Misanthrope est un petit tableau charmant, que l'on jurerait composé vers les dernières années de Louis XIV, si le temps en avait un peu adouci et voilé les teintes. La noblesse des poses, les costumes, les airs de tête, les nuances des étoffes, tout est fidèle aux souvenirs de l'époque; et le pinceau *flou* et moelleux qui a tracé ce délicieux ouvrage, en a su faire un portrait aussi naïf et aussi local des mœurs du temps, que la plus jolie lettre de madame de Sévigné.

La scène des Précieuses, à peu près dans le même genre, est peut-être encore supérieure. La composition en est originale. On voit à droite le chambranle d'une ancienne cheminée, qui est présentée de profil et dont le foyer ne se montre pas. Elle supporte un vase de porcelaine de la Chine, derrière lequel se cache une bougie dont la clarté donne quelque transparence au vase et éclaire l'appartement. Cette ingénieuse disposition de lumières, qui en projette les rayons et en cache le foyer, a fourni au peintre des effets charmans, qu'il a rendus avec autant de bonheur que l'eussent pu faire les maîtres de ce genre. Sans parler des deux gentilshommes d'antichambre dont la parade grotesque était peut-être assez facile à saisir, mais dont le costume est parfait et la couleur riche et brillante; la pose, la figure et l'expression des deux jeunes Précieuses, sont charmantes et pleines d'esprit. Leur sourire, leur maintien, leur grâce, tout en elles est affecté. La frayeur de Cathos est on ne peut plus risible, et la manière suppliante dont Madelon replie un bras potelé, donne à la fois un raccourci heureux et un geste d'afféterie qui peint tout le caractère.

[N° XXIX.]

LA REDOUTE DE KABRUNN.

> Il est des actions d'autant plus grandes, que le motif en est plus singulier.
> (VOLTAIRE, Charles XII.)

Le colonel Chambure est un des officiers vivans de l'ancienne armée, qui a versé le plus de sang au service de son pays. Il reçut sa première blessure dans la campagne de Prusse et de Pologne. Au siége de Sarragosse, il eut les cuisses traversées de deux balles. Il fut blessé de nouveau à Ocana; près de Moron, il reçut une balle dans le corps. Dans une sortie de Ciudad-Rodrigo, il eut l'épaule droite fracassée au commencement de l'action. Au dernier siége de Dantzick, il s'exposa à tous les dangers, à mille fatigues, et ses blessures se rouvrirent. Il a été long-temps en exil, sous le poids d'une sentence de mort : il est aujourd'hui sans emploi !

L'action que le peintre a représentée, s'est passée pendant le siége de Dantzick.

Dans la nuit du 16 au 17 novembre 1813, l'ennemi bombardait Dantzick avec fureur. Une bombe tomba sur la caserne et pénétra dans la chambre où dormait le capitaine Pelletier de Chambure, commandant d'une compagnie franche que l'ennemi lui-même avait surnommée *l'infernale*. Le projectile éclata près du lit de l'intrépide capitaine qu'il éveilla brusquement, comme on peut croire. Non moins impassible que Charles XII, dans une circonstance à peu près semblable, Chambure se lève et écrit au prince de Wurtemberg le billet suivant :

« Prince, vos bombes ont troublé mon som-
» meil; j'ai résolu de faire une sortie avec mes
» braves pour enclouer vos mortiers : l'expé-
» rience vous prouvera qu'il est toujours dan-
» gereux d'éveiller le lion qui dort.
» Minuit, 16 novembre 1813; un quart
» d'heure avant ma sortie. »

Auguste de Chambure.

Sa lettre écrite, il rassemble sa compagnie, lui en donne lecture et déclare qu'il est résolu d'aller déposer lui-même sa missive dans un des mortiers d'où est partie la bombe qui l'a éveillé : Promettez-moi de me suivre, continua-t-il, nous prendrons la redoute; je vous réponds du succès. Tous en firent le serment, et il sortit avec eux pour l'accomplir.

Le capitaine Chambure se dirigea sur la redoute de Kabrunn, en longeant l'allée de

Laug-Furh. Le ciel était obscur, et le vent venait du côté de l'ennemi ; circonstances qui favorisaient singulièrement les approches de la redoute.

La compagnie infernale est parvenue au pied de la redoute ; Chambure a franchi la première palissade ; ses soldats le suivent et se précipitent sur l'ennemi avec une impétuosité qui ne lui permet pas de se reconnaître ; les Russes s'enfuient dans les secondes lignes et dans la redoute où les nôtres entrent avec eux : une centaine d'hommes sont tués sur la place ; un plus grand nombre est blessé, le reste se sauve à la faveur de la nuit.

LE TABLEAU.

C'est au milieu de ce carnage, éclairé par un grand feu allumé à gauche, au milieu de la redoute, que le capitaine dépose sa lettre dans le mortier, après avoir étendu à ses pieds, d'un coup de poignard, un officier russe qui se précipitait sur lui : un autre soldat ennemi avance son fusil sur la poitrine de Chambure ; un des siens, nommé Paul, passe sa baïonnette à travers le corps du soldat russe, et sauve ainsi la vie à son capitaine.

Cette scène terrible, qui a besoin d'être vraie pour paraître vraisemblable, n'est pas représentée avec moins d'énergie, avec moins de chaleur qu'elle n'a été exécutée dans la redoute de Kabrunn : le sang-froid d'un courage surnaturel est personnifié sous les traits ressemblans du chef de cette compagnie de héros : les cinq figures dont le tableau se compose, concourent et suffisent à l'intérêt de l'action : le soldat qui encloue le mortier où le capitaine Chambure dépose sa lettre, est jeté vivant sur la toile.

Un philosophe grec niait le mouvement. Un autre répondait en marchant devant lui. Quelques personnes nient le mouvement en peinture. M. Vernet pourrait se contenter de leur montrer ce tableau pour toute réponse : tout y est mouvement, tout y est action commencée et non finie. La main de Chambure est levée pour placer la lettre dans l'obus; celle du grenadier l'est aussi pour enclouer la pièce. La baïonnette du volontaire français va percer une seconde fois le Russe qui chancelle et ne tombe pas encore. Enfin, dans l'obscurité générale du tableau, un trait de feu qui sillonne le ciel ne peut être qu'une bombe, qui décrit sa courbe et qui est suspendue dans l'espace.

[No XXX.]

UNE MARINE.

.... Si duole, et si consuma ed ange,
La bella donna; e non s'accheta in fretta:
Talor si batte il viso, e il capel frange;
E.... contra se stessa cerca vendetta.

La belle et malheureuse victime pleure, se désole, se consume en gémissemens inutiles. Elle frappe son beau visage, elle prie, elle se lamente et se punit en vain elle-même de la violence qu'on lui fait.

(Ariosto, Orlando Fur.)

Ces côtes pittoresques sont sans doute celles d'Italie. De vastes roches brunes et rougeâtres, *juxtàposées* et battues sans cesse par les flots de la mer, ont acquis cette teinte verte, cette forme ronde et cet aspect spongieux, que laisse pour trace la mobilité orageuse des vagues. Un sentier court entre ces roches, et, du bord de la mer, va gagner l'intérieur des terres.

Quels sont ces brigands dont l'air est si barbare et le vêtement si singulier? Les uns vont pousser à la mer une petite barque dont la forme est inconnue dans nos ports : ils ont pour tout vêtement de larges camisoles brunes, bordées de rouge; les autres aux aguets tirent des coups de fusil, entourent leur prise sur le rivage : cette prise est une jeune femme! Un seul voile léger couvre et indique la grâce de ses formes. Elle joint les mains; elle prie le ciel de l'arracher aux barbares qui l'ont enlevée pendant son sommeil et qui l'entraînent sur des côtes étrangères.

Du haut d'un fragment de roche, un Algérien la soutient et la passe à un autre brigand qui semble toucher avec respect et embrasser mollement ses jambes délicates. Un homme dont le visage est beau et terrible, et que les brillans ornemens qui le parent me désignent pour le chef de la troupe, tourne les yeux vers le sentier qui fuit vers les terres, et charge son fusil d'un air calme et farouche. Un autre, dont je vois le dos et qui se trouve à peu près à l'endroit où le sentier tourne et échappe à la vue, tire un coup de fusil dont le feu va sans doute atteindre l'un de ceux qui se sont mis à la poursuite des ravisseurs.

Au loin j'aperçois une plage sans accidens, et une ville qui, par ses constructions plates, me prouve que je ne me suis pas trompé et que ces flots sont ceux de l'Adriatique. Le ciel est pluvieux, et le soleil qui ne tardera pas à se lever aura peine à percer tant de nuages.

Les lames d'eau qui se brisent en écume sont fortes et larges; je n'en aperçois qu'une ou deux; mais leur forme et leur suspension terrible peignent à mon imagination tout un Océan.

Cette scène est belle et simple. Elle saisit fortement l'attention. L'intérêt s'y concentre sur cette jeune femme, qui, par sa pose perpendiculaire, développe les courbes heureuses et les douces ondulations d'un beau corps. Ces vagues noires, cette obscurité du ciel semblent ajouter à l'horreur de la situation : la barque qui va être mise à flot, prouve qu'il n'y a plus d'espérance; ces roches immenses protégent l'enlèvement; ce chef superbe, au regard dédaigneux, ne cédera pas aisément une si belle proie; au milieu de tant de terreur, je joins involontairement mes larmes aux larmes de la jeune infortunée.

On se souvient sans doute d'une autre Marine (1), où des Algériens jouent aussi le principal rôle. Dans cette marine que nous avons précédemment décrite, les personnages sont petits, finement touchés; le reflet du soleil sur les vagues est précieux et singulier; la touche, en général, est soignée et brillante.

Dans celle-ci, que nous n'hésiterons pas à

---

(1) *Marine*, n° VI, p. 50.

préférer, l'espace embrassé est plus étroit; les figures plus grandes, disposées avec plus de soin, attachent et fixent davantage les yeux. L'expression est très-forte et très-vraie; enfin, on voit que le pinceau, sans perdre de sa grâce et de sa beauté d'exécution, s'est livré avec plus d'abandon à ses inspirations énergiques, et a imité la nature avec plus de fougue et non moins de naïveté.

[N° XXXI.]

PORTRAIT
D'ANISSON-DUPERRON FILS.

Difficile est communia pingere.
Ce qu'il y a de plus difficile dans les arts, ce sont les choses simples et communes.
(HORACE.)

C'EST un jeune enfant qui tient à la main les jouets de son âge. L'artiste a échappé à l'écueil de ces sujets sans intérêt d'émotion ou d'invention, par le fini des détails, et l'agréable expression qu'il a su y répandre. Un distique de Voltaire surnage au milieu des volumineux écrits de son temps; un Arabesque de Raphaël porte le caractère de perfection qui n'appartenait qu'à ce grand homme. Dans cette composition peu importante, la grâce, le précieux, la vérité, la couleur, trahissent également le pinceau du maître.

LE PORTRAIT.

CE jeune enfant appartenait à une famille d'imprimeurs, qui a obtenu de la considération et de la fortune en se livrant aux travaux de cet état honorable. La direction de l'imprimerie royale leur est aujourd'hui confiée.

La famille de ce jeune homme l'a perdu il y a peu de temps ; et, dans ses regrets, elle a demandé au peintre de chercher à reproduire sur la toile les traits de celui qui lui avait été enlevé. On assure que la ressemblance est parfaite, et que l'artiste a deviné son modèle qu'il avait à peine entrevu.

[N° XXXII.]

DÉFENSE D'HUNINGUE,

APPARTENANT A M. DE MARIGNY.

*Ostendimus....... quantos sibi patria viros se-
posuerit.*

Nous avons montré quels hommes la patrie avait
en réserve, pour défendre son territoire et sa
liberté.   (Tacite.)

Le général Barbanègre commandait dans Huningue, lorsque les alliés occupaient une seconde fois Paris. Il obéit à son devoir, qui lui faisait une loi de conserver au gouvernement français, quel qu'il fût, la place qu'il avait reçu l'ordre de défendre. Il rejeta les propositions de l'archiduc Jean, qui le pressait d'accéder à une capitulation. Bientôt la ville d'Huningue fut investie par une armée nombreuse, et se vit exposée au feu de quatre-vingt-dix ou cent pièces d'artillerie de siége. L'archiduc Ferdinand vint joindre son frère, et le bombardement d'Huningue fut ordonné. La défense fut aussi vive que l'attaque; long-temps les efforts de l'ennemi furent inutiles ; mais enfin il fallut céder à la fortune et accepter une honorable capitulation.

L'armée ennemie, ayant à sa tête deux archiducs, est rangée en bataille pour voir défiler cette garnison qui s'est couverte de gloire. Quel spectacle ! deux pelotons de canonniers, un peloton de soldats de ligne et cinq gendarmes, guidés par le général Barbanègre, sortent de la place, tambour battant, et passent devant la ligne ennemie qui ne peut retenir sa surprise et son admiration.

Le général Barbanègre est aujourd'hui sans emploi.

LE TABLEAU.

Le premier bataillon de la Haute-Saône fait une sortie. On voit, à gauche, ses premiers rangs, et sur le devant du tableau, deux officiers, dont l'un reçoit de l'autre le commandement militaire. Leurs attitudes sont admirables de vérité. Ce premier plan occupe une hauteur. L'œil descend et s'enfonce dans la vallée qu'elle domine. Là, on aperçoit une tour à mâchicoulis, que nos braves viennent d'emporter, et où leurs bataillons entrent au milieu des coups de fusil et de la fumée. A droite, un monument funéraire frappe les regards. C'est celui d'un guerrier mort pour la France. Abatucci repose sous cette terre que défend Barbanègre et qu'arrose le sang des défenseurs d'Huningue. Noble souvenir! noble tombeau! Fête sépulcrale, digne des mânes d'un héros mort pour la patrie!

La couleur de ce tableau est très-remarquable. Jamais M. Horace Vernet n'a saisi avec plus de vérité la pose et la physionomie du soldat en campagne. La perspective est profonde; les détails du fond se dessinent nettement, sans choquer la vraisemblance ni détruire l'idée de l'éloignement où ils se trouvent. On reconnaît ici, mais dans un plus petit cadre et dans une espèce de calme qui convient à la défense d'une place forte, le beau talent qui a tracé la bataille de Jemmapes.

[N° XXXIII.]

PORTRAIT

EN PIED

DE S. A. R. LE DUC D'ORLÉANS.

Adversity, the stern, rugged nurse of virtue.
L'adversité est la sévère nourrice de la vertu.
(Gray.)

Dans une espèce de parc, dont le site agreste et presque sauvage ne laisse point deviner le maître, un homme, d'un âge mûr, est appuyé contre un arbre. A la simplicité de ses vêtemens, à cet instrument de jardinage qui se trouve entre ses mains, je crois voir le tranquille possesseur de quelque domaine, situé dans une province éloignée. La bonté, la franchise se peignent sur ses traits, où la pensée méditative répand une teinte de tristesse.

On m'apprend que ce portrait est celui d'un prince. Je m'en étonne et je m'en félicite. Cette extrême simplicité, dans un rang si élevé, est le gage des qualités réelles et solides. Tandis que le vulgaire des altesses cherche l'éclat et la considération dans le luxe frivole d'une pompe extérieure; on aime à voir un prince, dédaigneux de cette vaine parade, honorer, à la fois, son époque, ses concitoyens et lui-même.

Le peintre a parfaitement saisi dans son modèle, cet instant de rêverie simple et sans affectation : il y a de la noblesse et de l'abandon dans la pose; c'est encore ici un véritable tour de force, que ce triomphe, obtenu par l'artiste sur la stérilité d'un portrait en pied, sans accessoires, sans vêtemens éclatans, et dans un repos parfait. Pour la vérité de la couleur, le naturel et la ressemblance, ce portrait est un des plus jolis morceaux qui soient sortis du pinceau de M. Vernet, si fertile en compositions de cette espèce.

[Nos XXXIV et XXXV.)

(XXXIV.) UNE EMBUSCADE
DE GUÉRILLAS.

(No XXXV.) LANCIERS POLONAIS
SE BATTANT CONTRE DES GUÉRILLAS.

> *Disguise thyself as thou wilst, Slavery! still thou art a bitter draught! And death is even sweeter than thee.*
>
> Déguise-toi comme tu voudras, Esclavage ! tu es un breuvage amer ! L'homme te repousse, et la mort lui semble douce auprès de toi. (STERNE.)

Ces hommes semblent avoir l'audace mêlée de crainte qui caractérise les brigands; mais la sainteté de leur cause écarte le sentiment du mépris. C'est l'étranger qu'ils attendent dans ces défilés presque inaccessibles, l'étranger qui a envahi leur pays, et qui veut leur imposer ses lois.

Ces farouches guérillas font leur apprentissage de liberté; il sera désormais impossible de les courber sous le joug de l'antique servitude. Un jour on les verra briser les institutions du despotisme, et s'élever au rang de citoyens d'un pays libre.

On vantait le repos de l'Espagne et la sagesse des conseils du prince ; on le donnait en exemple aux rois de l'Europe. « Voyez, disait-on, » combien ce peuple est tranquille ; un profond silence atteste son bonheur ; son immobilité est le doux sommeil de la paix ; c'est » l'état naturel des peuples. »

Tout-à-coup une voix s'élève dans l'île de Léon ; un cri de liberté s'est fait entendre ; soudain des millions de voix répondent à cet appel. La nation paraît ; le trône est conservé ; le despotisme seul n'est plus.

Immortel triomphe de la raison et de la justice ! Ce farouche tribunal qui insultait à la religion dont il se proclamait le défenseur, cette sanguinaire inquisition qui avait retrouvé ses tortures et ses bourreaux, est enfin abolie pour jamais ; ses cachots ne s'ouvriront plus pour engloutir d'innocentes victimes, et la religion consolée rendra grâce à la philosophie.

Quel changement salutaire s'est fait dans cette nation vraiment héroïque ! Elle honore les vertus publiques ; elle récompense ses libérateurs. Ces hommes qui perdaient leur vie dans une pieuse oisiveté sont rendus à une existence active et utile ; ces cultivateurs qui languissaient sur une terre féconde et aimée du ciel se livrent gaiement à de fructueux travaux; la joie et l'espérance sont rentrées dans les familles. Le commerce renaît; l'industrie fleurit; enfin, ces *guérillas*, que vous offre un hardi pinceau, abjurent une vie sauvage : ces *guérillas* sont devenus des citoyens.

LES TABLEAUX.

XXXIV. *L'embuscade des Guérillas.*

Voyez-vous ce passage boisé, cette verdure sombre, ces arbres en amphithéâtre, cette croix qui s'élève au milieu de la forêt? A ces précipices ouverts, à ces arbres noueux qui penchent leurs têtes sur l'abîme, à ces sentiers étroits qui glissent et circulent entre les roches *plantureuses*, vous reconnaissez l'Espagne, vous êtes dans la *Sierra*.

Un Français, le fusil sur l'épaule, s'avance sans crainte; vous le voyez marcher d'un pas ferme; il ne redoute ni les gouffres qui bordent le chemin étroit qu'il doit suivre, ni ces arbres, ces grottes et ces cavernes qui servent d'asile et d'embuscade à ses ennemis. Il s'avance; mais il est encore éloigné. Cependant sur le devant de la scène, protégé par un groupe d'arbres antiques, un moine prie, le poignard et le crucifix à la main; un guérillas charge son mousquet; un autre apprête ses armes. Le moment de l'action approche. Le sort de ce brave que vous apercevez au loin, est déjà fixé. La première balle va l'atteindre.

La chanson du paysan montagnard, devenu libre, dira un jour comment ses ancêtres, esclaves alors, se sont battus pour l'indépendance; comment, sans roi comme sans liberté, sans chefs comme sans patrie, un peuple tout entier a préféré, dans son horrible courage, l'assassinat à la servitude; comment le poignard espagnol a long-temps arrêté la foudre des canons français; comment cette défense désespérée d'une patrie malheureuse, préludait chez une nation asservie, mais énergique et passionnée, à l'amour de la véritable liberté.

XXXV. *Autre embuscade de Guérillas et combat d'avant-poste.*

C'est encore une gorge de montagnes. Mais le paysage est d'un caractère différent. Un torrent, qui se fait jour à travers les roches, et qui tombe des montagnes les plus éloignées, guide l'œil jusqu'au fond du paysage. On suit sa course difficile; on pénètre jusqu'à sa source. La végétation est moins serrée et plus forte que dans le tableau précédent. De beaux pins se balancent au-dessus des gouffres. La route est plus large, la roche plus à pic, le précipice plus profond.

Dans le premier, l'action n'est pas engagée. Ici elle est prête à se terminer. Un lancier polonais tient le sabre nu et levé sur un paysan qui va tomber : plus sur le devant, un autre guérillas épouvanté s'est précipité à genoux ; un troisième, dont la pose est superbe, couche en joue le cavalier. On aperçoit dans l'éloignement, les troupes françaises qui sont en marche et qui résistent à d'autres attaques partielles.

Ce dernier paysage a été pris dans le Cantal. Le peintre, toujours habile à saisir les rapports de l'imagination et de la pensée avec la nature physique, a placé, dans ces sites montueux et sauvages, les guérilles espagnoles, qui leur donnent tant de mouvement et d'intérêt.

[N° XXXVI.]

PORTRAIT

DE

FERDINAND-PHILIPPE-LOUIS D'ORLÉANS,

DUC DE CHARTRES,

Né à Palerme, le 3 septembre 1810.

> Là, dans sa vitesse, immobile,
> Le buis semblait dormir, agité par mon bras ;
> Là, je triplais le cercle agile
> Du chanvre envolé sous mes pas.
> (ECOUCHARD-LEBRUN.)

CE portrait est vivant; il est plein de grâces. Ce jeune enfant a de la douceur et de la noblesse : fils d'un prince, il partage les jeux de l'enfance et les travaux du collége; sa vivacité ne trahit aucun orgueil. Le cerceau qu'il tient à la main, sa poitrine presque nue, indiquent l'exercice qu'il vient de prendre. Il se repose un moment, et va bientôt retourner à ses jeux.

Cette cour est celle du collége de Henri IV, où le duc de Chartres fait ses études, et où il a déjà remporté plus d'une couronne. Ces simples murs, frappés sans cesse de la balle et fraîchement recrépis, sont le seul fond du tableau. Dans l'éloignement, on aperçoit une maison carrée solidement bâtie, ancien couvent, qui est aujourd'hui le presbytère de Saint-Étienne-du-Mont.

Par un rapprochement assez singulier, c'est Louis, duc d'Orléans, trisaïeul du duc de Chartres, qui bâtit cette maison vers 1730. Il l'habita lorsqu'il se retira à Sainte-Geneviève, et y mourut en 1752.

[N° XXXVII.]

VUE DE BOULOGNE SUR MER

A L'ÉPOQUE DES PRÉPARATIFS.

> Il y a des hommes qui n'admirent pas la grandeur de l'entreprise, mais la réussite; et qui mesurent leur estime d'après le succès. (MAD. DE STAEL.)

LE peintre a choisi l'époque, où les préparatifs d'une invasion en Angleterre tenaient l'Europe en suspens, et où la ville de Boulogne fixait l'attention publique. L'Angleterre, malgré sa jactance habituelle, éprouvait une vive inquiétude; les regards de nos grenadiers fixés sur ses côtes peu éloignées, troublaient la sécurité de ses villes, et jetaient l'effroi parmi ses *yeomen*. Sa politique habile surveillait tous nos mouvemens; mais son or remuait l'Allemagne; et les lauriers que nos guerriers espéraient à Londres, furent cueillis à Vienne et à Austerlitz.

LE TABLEAU.

VOICI les côtes de France. Vous voyez sur le rivage tous ces préparatifs singuliers et terribles : ces pyramides de boulets, ces chaloupes canonnières, ces projectiles, ces radeaux préparés, ces mortiers de toute espèce, ces fusées incendiaires, vous annoncent de grands et de vastes projets. Si votre pensée n'aime pas à s'enfoncer et à se perdre dans le dédale des probabilités et des possibilités d'une telle entreprise, et que vous puissiez vous livrer à un stricte examen de ce tableau, sous le rapport de l'exécution, vous en admirerez la parfaite exactitude, la netteté dans des dimensions fort petites, et l'arrangement pittoresque, malgré la vérité scrupuleuse d'un site, qui n'offrait aucun contraste agréable ou piquant.

[N° XXXVIII.]

SCÈNE DE FANATISME ESPAGNOL.

Οὐ λίθοι, οὐδὲ ξύλα, οὐδὲ
Τέχνη τεκτόνων αἱ πόλεις εἴσιν·
Ἀλλ' ὅπου ποτ' ἂν ὦσιν ΆΝΔΡΕΣ
Αὑτοὺς σώζειν εἰδότες,
Ἐνταῦθα τείχη καὶ πόλεις.

ALCÉE, fragment (1).

Ce ne sont pas des pierres; ce ne sont pas des remparts; ce ne sont pas des barrières construites avec habileté, qui défendent les villes et qui font la force des États : ce sont des HOMMES ; des hommes amoureux de leur patrie, et décidés à s'ensevelir sous ses ruines.

QUELQUE horreur qu'inspire leur fanatisme indomptable; quoique je voie avec douleur et avec effroi leurs mousquets et leurs poignards dirigés contre des Français, je ne puis oublier que ces hommes défendent leur patrie; la féroce superstition de leur croyance disparaît dans la noblesse de leur cause. Ils offrent en

---

(1) Ce grec, dont nous demandons pardon aux dames, est à peu près le seul fragment qui nous reste d'un poëte sublime, *Alcée*, celui dont les hymnes à la liberté électrisaient l'ancienne Grèce.

sacrifice à leur Dieu le sang des blessures qu'ils ont reçues pour leur pays; ils meurent avec joie; ils tiennent sans trembler l'arme terrible dans leurs mains qui n'ont encore porté que le crucifix et les vases saints. Martyrs de la religion et du patriotisme, quelle puissance humaine vous résisterait? Tant que la race entière n'en sera pas exterminée, qui se flattera de dompter des hommes qu'une double exaltation rend invincibles?

Voilà, comme le disait Alcée il y a vingt-quatre siècles, les seuls remparts insurmontables! des hommes résolus à s'ensevelir sous les derniers débris de leur patrie! Aussi quel fut contre eux le succès de nos armes toujours victorieuses? Des batailles brillantes, mais inutiles; des pertes immenses et journalières; les triomphateurs de l'Europe arrêtés par quelques paysans et quelques moines, qui préféraient la mort à la domination étrangère.

LE TABLEAU.

Un couvent vient d'être assiégé par les Français. Déjà plusieurs débris de ses constructions antiques annoncent que le feu de nos troupes a fait de grands ravages dans cette forteresse improvisée. Des pierres se sont détachées, et, noircies par la poudre, elles ont formé sur le devant une espèce de monceau de ruines. C'est sur ces ruines que gravit un guérillas, dans le costume complet de sa nation et de sa milice. Sa pose est belle; et le développement de ses membres vigoureux annonce l'inébranlable fermeté de sa résolution. Il tient un mousquet, et va faire voler le plomb mortel : ses sandales, son pantalon rouge qui dessine ses formes athlétiques, le réseau qui retient ses cheveux noirs, tout lui donne un caractère à la fois historique et grandiose.

Mais voyez-vous, plus loin et vers le milieu de la scène, ces trois moines dans des poses différentes, et dont le vêtement couleur de terre n'en ressort pas moins sur la poudre et la fumée. Le premier est vieux; sa barbe et ses sourcils sont blancs. Son expression est calme, farouche, exaltée. Il s'est jeté à genoux, et oppose avec tranquillité la croix qu'il tient en main aux tirailleurs français qui s'avancent.

Un jeune novice, saisi d'une terreur involontaire, se cache derrière cette croix, comme derrière un abri inviolable. Un autre moine amorce le fusil dont il va se servir. La vue d'un soldat français que l'on aperçoit dans un cachot souterrain, et qui s'efforce en vain d'en rompre les barreaux, ajoute à l'intérêt d'une scène où l'ame reste, pour ainsi dire, indécise entre l'horreur et l'admiration dont elle est saisie.

Que toutes ces poses sont hardies ! Que tout cela est simple et bien ordonné !

Si l'on a dit que le serpent, dans le tableau du Poussin, est le véritable sujet de toute la composition, il est permis de dire, qu'ici le principal personnage et le sujet réel du tableau, est ce soldat furieux et captif que l'on aperçoit à peine, et sur les traits duquel toute la rage du désespoir est néanmoins si profondément empreinte.

Sur le parapet d'un escalier et au-dessus du soupirail, est assis un moine blessé. Son fusil, dont la crosse tombe à terre, s'appuie sur l'une de ses jambes. Un peu de sang coule sur la poitrine de ce malheureux. Une balle l'a frappé. Les bras ouverts, les yeux levés au ciel, la figure pleine d'une expression énergique et douloureuse, on croit entendre les derniers mots qui s'échappent de ses lèvres : « O mon Dieu ! je » t'offre mon sang. Il coule pour ta cause ; il » coule pour la cause de ma patrie ; le ciel s'ou- » vre ; je puis mourir. »

J'ai donné une idée de l'ensemble de ce tableau : mais pour en faire sentir tout le mérite, il eût fallu que la plume pût rendre, d'un trait, l'énergie et le charme, que le génie de Lesueur, joint au talent de Vandyck, a su jeter sur cette admirable composition. Sagesse et force d'expression; de larges draperies admirablement traitées; une singulière pureté de dessin; une grande vigueur de touche; une simplicité de pensée qui ne fait qu'ajouter à la force de l'impression; voilà ce que Lesueur, le Racine de notre peinture, pourrait justement revendiquer. De belles oppositions, des effets de couleur très-remarquables, du mouvement et de la grâce, voilà ce qu'il semble que M. Vernet a dérobé à Vandyck. Si le temps respecte les couleurs de ce tableau, notre siècle aura légué à la postérité peu de monumens de l'art, aussi remarquables.

[N° XXXIX.]

INTÉRIEUR

D'UNE ÉTABLE A VACHES,

Fait d'après nature en 1818, dans le parc d'une maison à Sèvres, qui appartenait autrefois à madame de Coislin.

>Tranquille et doux abri de la vache pesante,
>Dont le lait, exprimé par d'innocentes mains,
>Remplit de son nectar une cruche écumante.
>(LÉONARD.)

On dirait que le peintre a éloigné volontairement tout ce qui pouvait donner du charme à son tableau et faire oublier par quelques accessoires l'insignifiance du sujet. Potter a toujours eu soin de placer ses belles génisses au milieu de gras pâturages. Berghem entourait ses moutons et ses bœufs, d'arbres verts, de prairies, d'accidens variés, de ruisseaux limpides; il asseyait avec grâce ses bergères aux pieds nus, sur la croupe du cheval de labour ou de l'âne patriarchal. Le célèbre Carle Dujardin faisait errer ses troupeaux près des fraîches cavernes, dans des gorges de montagnes, dans des vallées tapissées d'une douce verdure.

M. Vernet n'a employé aucun de ces moyens. Il a réussi cependant ; ses vaches, la paille qui leur sert de litière, les moindres accessoires de leur demeure, tout est vrai, rien n'est orné. Les animaux sont bien rendus et leur attitude est la nature même. Mais ce mérite, assez mince pour un artiste du rang de M. Vernet, ne peut nous arrêter long-temps : un autre tableau attire toute notre attention; et du plus petit de ses ouvrages, nous nous hâtons de passer à la plus vaste de ses compositions.

[N° XL.]

LE MASSACRE DES MAMELUCKS,

Exécuté sous les yeux et par les ordres de Mehemed-Aly, Pacha d'Égypte (1).

Et son regard féroce était déjà la mort.
(Le P. Lemoyne.)

Cette grande composition historique manque seule au salon de M. Horace Vernet pour y compléter l'espèce de prodige d'une collection de tableaux supérieurs, dans tous les genres sans exception, exécutés par le même pinceau, dans l'espace de quelques années. Le gouvernement a fait l'acquisition du *Massacre des Mamelucks*, dont il a enrichi la galerie du Luxembourg : mais le dessin d'après lequel ce beau tableau a été composé est sous nos yeux, et nous suffit avec nos souvenirs récens, pour en retracer une image fidèle.

LE TABLEAU.

Le moment d'action choisi par le peintre est celui, où Mehemed-Aly pacha d'Égypte, assis et

---

(1) Ce tableau est au Luxembourg.

fumant son houka sur une terrasse de son palais, préside à l'horrible exécution de l'ordre qu'il a donné : les Mamelucks entrés dans les cours du château dont les portes se referment sur eux, sont impitoyablement massacrés par des Albanais, en embuscade derrière les créneaux.

Le grand mérite de ce tableau me paraît être dans la pensée de la figure principale; c'est bien là l'impassible cruauté d'un principal agent du despotisme oriental. On s'explique l'inquiétude sourde qu'on lit dans ses regards; le barbare craint que quelques victimes ne lui échappent :

Et son regard féroce était déjà la mort (1).

Les trois personnages debout derrière le pacha méritent le même éloge. La pensée de chacun est peinte dans l'expression de sa physionomie : « Le coup est bien monté, semble » dire le plus vieux, à qui de semblables scènes » sont famililières. » L'espèce de terreur que témoigne le second, n'est qu'un retour sur lui-même. « Que n'a-t-il pas à craindre d'un pareil » maître ! » Le troisième s'indigne de n'être que le spectateur du carnage et de ne pouvoir du moins tremper ses mains dans le sang qu'il voit

---

(1) *P. Lemoyne.*

couler. Rien n'est exagéré, tout est vrai, jusqu'à l'indifférence stupide de l'esclave à genoux, qui prépare le houka, tout à côté d'un lion terrible endormi aux pieds de Méhémed.

La couleur de ce tableau est plus harmonieuse que brillante, et l'on voit, que cette fois l'artiste n'a pas cherché l'effet dans les contrastes.

Je hasarderai sur cette belle composition une critique plus importante. Les lois de la perspective aérienne et linéaire y sont-elles fidèlement observées? Les figures qui s'agitent sur le second plan ne me semblent dans aucune proportion avec le groupe principal, et l'on serait d'autant moins admis à donner la distance où elles se trouvent pour raison de leur exiguïté, que les édifices qui les entourent sont tracés sur une échelle infiniment plus grande. La peinture a ses licences comme tous les autres arts; mais celles-ci ne passent-elles pas les bornes qu'on y met?

Dans le dessin lithographié qui se trouve au salon de M. Vernet, le lion, l'esclave nègre, et la draperie qui cache le pacha et lui sert de dais, ont été omis. Sans doute ce dessin est la première pensée de l'artiste, qui aura jugé ces accessoires nécessaires à l'ensemble de son tableau.

[N° XLI.]

UN CAPUCIN

EN MÉDITATION DEVANT UN POIGNARD.

> Si un chrétien offense un infidèle, quelle est la consolation de l'offensé ? La Vengeance. S'il est offensé par le mécréant, quelle est sa patenôtre ? La Vengeance. Mon humilité, ma charité, mon pardon, mon évangile, le voici : la Vengeance !
> (SHAKSPEARE. Shylock, dans le Marchand Vénitien.)

Quel est ce Moine enflammé de fanatisme ? quel usage a-t-il fait ou va-t-il faire de ce poignard sur lequel toute sa pensée est fixée ? Est-ce Jacques Clément méditant son régicide ? ou plutôt n'est-ce pas un de ces moines espagnols, dont le lâche patriotisme s'armait naguère du poignard, et assassinait pieusement l'ennemi qu'il n'eût osé regarder en face ?

Voilà, voilà l'effet de tes charitables avis, sublime législateur des Chrétiens ! Tu recommandais la paix et la bienfaisance ; tu offrais le ciel en récompense de l'humanité ; tu avais le sang en horreur : des monstres ont dénaturé ta charte religieuse, destinée à faire de tous les peuples un peuple de frères; ils ont substitué à tes douces maximes des sentences de mort, des cris d'extermination.

C'est en ton nom, c'est la croix à la main que tes indignes disciples ont ensanglanté le monde, et se sont livrés à tous les excès des passions, sans pouvoir jamais les rassasier!

C'est en ton nom, que les flammes des bûchers ont dévoré tant d'innocentes victimes; que les familles ont été dispersées; que le pouvoir s'est souillé de crimes; et qu'infidèles à tes saintes doctrines qui condamnent tous leurs forfaits, des prêtres ont absous le parjure et sanctifié la trahison!

Ah! que tes principes soient enfin connus et suivis! Que ton évangile devienne la loi religieuse des peuples! Que l'intolérance, la superstition, le fanatisme n'épouvantent plus la terre! Que ce moine méditant sur un poignard nous inspire toute l'horreur qu'il mérite, et nous verrons luire enfin quelques jours de bonheur et de liberté!

LE TABLEAU.

Une chemise trempée de sang est suspendue à la muraille; le caveau est sombre; la voûte est basse; le peu d'architecture que l'on aperçoit est gothique.

L'homme qui s'est vengé est à genoux : il médite. Ses cheveux dressés, ses yeux fixes, sa figure contractée, font frémir. Il compte les blessures; il revoit le cadavre; il entend les cris de sa victime; il est satisfait; il remercie Dieu.

Son imagination n'a pas besoin de le porter bien loin de ce caveau. Vous voyez cette terre remuée fraîchement; c'est là que le corps vient d'être enseveli. C'est devant cet autel que l'assassin s'agenouille : son idole est son poignard.

Le moine achève sa prière; bientôt il va se lever; il va cacher ce poignard sanglant sous son habit monacal, entrer dans quelque maison où loge un Français, demander l'aumône, et frapper l'ennemi qui lui présentera la piécette. Il attendra le soir pour emporter lui-même le cadavre, le dépouiller, l'enterrer, et prier Dieu pour son ame.

L'exécution dans ce tableau n'est pas au-dessous de la pensée : nous n'en ferons pas un autre éloge.

[N° XLII.]

LE DUC D'ORLÉANS

Passant la revue du premier régiment des hussards
(Berchigny), en janvier 1815.

> Comme ce cheval fléchit sous la main de celui qui le guide ! comme il semble consulter ses désirs, et, obéissant toujours aux impressions qu'il en reçoit, se précipite, se modère ou s'arrête, et n'agit que pour y satisfaire !
> (Buffon.)

De tous les objets que peut représenter la peinture, une Revue est peut-être ce qu'il y a de plus ingrat : ces lignes droites, l'immobilité des hommes et des chevaux, l'uniformité des costumes,

 Ces automates bleus, à la file rangés,

Ne disent rien à l'esprit, et ne laissent aucun champ à l'imagination. Sous ce rapport on pourrait croire que le talent d'un peintre, dont le caractère particulier est le mouvement et l'expression, convient moins qu'aucun autre à cette espèce de composition froide et symétrique : cependant on s'accorde assez généralement sur le mérite de ce tableau d'Horace Vernet, qui obtint, ainsi que le tableau représentant une *Revue de la Garde Royale,* tant de succès à l'exposition de 1819.

Le sujet est nécessairement d'une grande simplicité.

Le duc d'Orléans passe la revue du premier régiment de hussards. Le colonel Oudinot prend les ordres du prince qui est accompagné par deux de ses aides-de-camp, le baron Athalin et le comte Camille de Saint-Aldegonde. Ce qu'on remarque plus particulièrement dans ce tableau, c'est l'extrême ressemblance des portraits et la beauté des chevaux : celui que monte le duc d'Orléans est une des plus belles études que l'on ait faites sur ce noble animal; genre d'imitation dans lequel M. Horace Vernet n'a de rivaux que la nature et son père.

[N°ˢ XLIII, XLIV, XLV, XLVI.]

QUATRE MARINES.

Thou, unchangeable sea. . . . . .
Calm, or convuls'd, in breeze, or gale, or storm,
.......Thou art boundless, endless, sublime.

Mer inconstante et immuable, tes flots, dans le calme ou la tempête, dans leur fureur et leur repos, portent toujours le même caractère de grandeur et de beauté.   (LORD BYRON.)

DE ces quatre Marines, pas une ne se ressemble, non-seulement pour l'effet que le peintre a voulu rendre, mais pour la manière et le *faire*. L'une rappelle *Rembrandt*, l'autre *Claude Gelée*, une troisième *Joseph Vernet*; la dernière est tout-à-fait dans le goût simple et naïf de *Van de Welde le jeune*. Examinons-les séparément.

XLIII. — *Un Moulin, sur les côtes de Gênes.*

Le peintre y vient chercher sous des teintes sans nombre,
Les jets de la lumière et les masses de l'ombre.
(DELILLE.)

UNE jetée qui conduit à un moulin, ce moulin placé sur la côte et battu des flots, se dessinent sur un ciel entrecoupé de nuages d'un jaune olivâtre, d'un azur foncé et d'un blanc mat. Il fait nuit, le rivage tourne; et l'œil suit aisément son contour que tracent les brisans des vagues de la mer.

La lumière perce à travers les petites fenêtres du moulin, et, en rompant l'uniformité de cette masse noire, ajoute au piquant du contraste. Enfin, sur la jetée, un paysan s'est mis à genoux devant un hermite, auquel il demande sa bénédiction.

Cet épisode ingénieux et local ne serait jamais venu dans l'esprit ni sous le pinceau de Rembrandt, qui d'ailleurs a composé un tableau à peu près semblable.

Voici le tableau de Rembrandt. Il est bon de comparer les maîtres entre eux. Le sommet d'une hauteur assez escarpée occupe tout le premier plan et se montre sur un ciel lumineux. Sur cette hauteur est placé un moulin rond, qui se trouve absolument dans l'ombre. Une rivière coule et tourne au bas du monticule; l'horizon est assez vaste, mais très-bas, comparé à la ligne sur laquelle le moulin est placé.

Tels sont, qui le croirait, les élémens d'une composition charmante. Mais aussi, comme ce moulin est élégant dans sa forme rustique! Comme l'œil se promène dans ce sentier circulaire et s'étonne du ravissement qu'il éprouve!

Quelle harmonie cachée dans ce combat apparent de la lumière et de l'ombre !

XLIV. *Soleil couchant sur la mer.*

XLV. *Le bateau des pilotes.*

> D'un déluge de feux, l'onde comme allumée,
> Semblait rouler sur nous une mer enflammée.
> (Crébillon.)

Ici le soleil couchant embrâse les nues. Quelque chose de la chaleur brûlante du Lorrain s'est communiqué à la toile.

Là un orage s'annonce; le ciel est jaune; des nuages bruns et olivâtres se promènent dans l'espace. Le bateau des pilotes est à l'entrée du port et lutte contre la violence des lames, resserrées et terribles dans cet endroit. Pour la vérité et l'harmonie, Joseph Vernet n'a peut-être pas mieux fait.

XLVI. *Une plage. Effét de soleil couché.*

> L'onde à faibles replis s'approche de la plage :
> Avec un doux murmure elle bat le rivage,
> Rien ne trouble et n'émeut son miroir argenté.
> (Dulard.)

Cette dernière Marine est la moins brillante de toutes, et peut-être celle qui prouve le plus de talent. L'eau, qui couvre un terrain sablonneux d'une légère superficie liquide, en fait comme un miroir d'argent. Une teinte blanche, admirablement dégradée, s'étend sur la mer où elle produit un effet neuf et paisible. Le soleil est descendu sous l'horizon. Il ne reste plus, pour éclairer cette vaste scène, qu'une clarté pâle qui n'est pas la lumière, mais seulement l'absence des ténèbres. Cette blancheur a un certain éclat; mais terne, sans chaleur, et, pour ainsi dire, mourant. Quelques peintres de l'école hollandaise sont les seuls qui aient reproduit avec le même bonheur cet effet singulier.

Nous ne pouvons que répéter ici l'observation que nous avons déjà faite plusieurs fois, sur cette faculté merveilleuse, dont chaque tableau de M. Horace Vernet offre une nouvelle preuve, sur cette faculté de rendre la nature, non-seulement sous tous ses aspects, mais avec la palette, avec le pinceau même du maître qui a excellé dans le genre qui convient le mieux à cette manière de voir la nature.

[N° XLVII.]

PORTRAIT

DE M. GABRIEL DELESSERT,

EN PIED ET EN COSTUME DE CHASSEUR.

> De joie et d'espoir animé,
> Il prend, il arme son tonnerre;
> L'oiseau part, etc.
> (BERNIS.)

M. GABRIEL DELESSERT est frère de l'honorable député que la ville de Paris compte avec tant de plaisir parmi les défenseurs de ses droits et les représentans de son opinion et de ses libertés. Comme son estimable frère, comme tout ce que la France nourrit de citoyens éclairés, il a plus d'une fois témoigné son attachement pour cette Charte que voudraient anéantir les hommes qui ont le plus d'intérêt à la conserver.

Moins fini, plus large de touche que le portrait si remarquable de S. A. le duc d'Orléans, ce portrait en pied attire l'attention du public par un air de vie, par une couleur vraie et une ressemblance parfaite : l'*empâté* du travail et la solidité des tons, méritent tous les éloges des connaisseurs. L'artiste, qui trouve toujours des ressources ingénieuses, a fait ressortir le vêtement brun du chasseur sur un nuage de fumée et de poudre, que l'amorce du fusil, ou le coup tiré il y a quelque temps, ont laissé sur son passage. Comme Voltaire, en ajoutant à son vers le mot que la rime exigeait, trouvait presque toujours moyen de faire de cette cheville une image brillante ou une idée spirituelle, M. Vernet a changé cette petite circonstance en un *repoussoir* naturel qui donne du mouvement et du charme à son tableau.

[N° XLVIII.]
ISMAYL et MARYAM (1).

> . . Ma sœur, dit-il, c'est toi ?
> Je viens m'ensevelir sous le sable avec toi !
> Hélas ! la même ardeur dans notre sein s'allume ;
> Cet air, ce vent de feu tous les deux nous consume.
>
> . . . .
> Et ces sables muets, cette mer sans courroux.
> S'entrouvre, nous dévore et se ferme sur nous.
> (Ducis, Abufar.)

Ismayl, fils d'Ahmed chef des Ouahydyeh (une des tribus les plus considérables des Arabes Bédouins), avait été blessé dans un combat avec les Turcs, fait prisonnier par eux et transporté à Jérusalem. Le Motsallam ou gouverneur de cette ville, désirant prolonger ses jours dans l'espoir d'obtenir une rançon considérable pour un jeune cheykh cher à son père et à toute sa tribu, le confia aux soins d'un médecin chrétien nommé Ebn-Témym. Maryam, fille de ce médecin, pansa les blessures d'Ismayl.

---

(1) Ce tableau a été exposé en 1819. Il fait aujourd'hui partie d'un cabinet particulier. Le dessin lithographié se trouve dans le salon de M. Horace Vernet (1822).

Elles se trouvèrent moins dangereuses qu'on ne le croyait d'abord ; mais en se rétablissant, Ismayl devint éperduement amoureux de Maryam et lui inspira le même sentiment. Il était en convalescence lorsque le pacha de Damas voulant s'emparer des trésors du motsallam de Jérusalem, le fit décapiter, et le remplaça par un de ses favoris qui devint le fléau de cette malheureuse ville par ses extorsions et ses cruautés. Le nouveau motsallam fit mettre à mort Ebn-Témym, et se disposait à faire enlever Maryam qu'il destinait au harem de son maître. Celle-ci découvre son projet. Remplie de terreur elle cède enfin aux instances d'Ismayl, auxquelles elle avait résisté jusqu'alors, et consent à fuir avec lui et à se retirer au sein de sa tribu. Ismayl la prend dans ses bras; ils partent, et arrivent au camp des Ouahydyeh.

Ismayl eut ainsi le bonheur de sauver Maryam et de la présenter à son père. Mais son bonheur fut de courte durée. Maryam, accablée de fatigue, succomba bientôt sous le poids de sa douleur; elle mourut fidèle à sa religion et sans être devenue l'épouse d'Ismayl. Son corps fut enterré sous des palmiers; le crucifix qu'elle n'avait jamais cessé de porter sur son cœur fut placé dans sa tombe. Cependant les

menaces du Motsallam et celles de l'aga de Gaza déterminèrent la tribu des Ouahydyeh à s'éloigner davantage des lieux où ils ne pouvaient plus lutter contre la puissance de leurs persécuteurs. « Le conseil des vieillards (1) ordonna
» une retraite générale jusqu'au désert de Mé-
» phaath derrière la Mer-Morte au pays des
» Moabites. Chacun était occupé de ce dé-
» part. » Ismayl seul semblait décidé à ne pas partir et à affronter tous les périls plutôt que de s'éloigner du tombeau de Maryam, « lors-
» qu'au coucher du soleil, cet astre parut en-
» vironné d'une auréole couleur de sang; le
» ciel devenu tout-à-coup jaunâtre, ne donnait
» qu'une lumière livide et sans ombre; les oi-
» seaux fuyaient vers l'Occident en rasant la
» terre; le sol paraissait lumineux, tandis que
» l'air était terne et opaque; le palmier immo-
» bile laissait tomber vers le sable ses branches
» flexibles, que le moindre vent élève et secoue
» dans les airs; tout se taisait; la peur régnait
» sur l'espace; les cris plaintifs des animaux
» annonçaient l'approche du terrible Sémoun
» (2), ce vent pestilentiel, l'effroi du désert. »

---

(1) Ce qui est marqué par des guillemets est transcrit de l'ouvrage de M. de Forbin.

(2) « Ce vent est le même que celui qui est désigné

LE TABLEAU.

« Ismayl sourit à l'espérance de ce fléau, il
» embrasse la tombe de celle qu'il aimait ; ses
» mains écartent le sable qui la couvre ; il a
» déjà touché, pressé le linceul sur son cœur ;
» le voile qui enveloppait le visage de la vierge
» est soulevé : Ismayl contemple d'un regard
» avide ces traits que le temps respecte encore.

. . . .

» L'infortuné attend avec une joie impatiente
» la mort qui doit confondre ses restes avec
» ceux de l'objet de ses cruels regrets. Bientôt
» un nuage rougeâtre arrive du côté de l'Orient.
» Le souffle de l'ouragan fait un chaos de ce dé-
» sert tranquille ; des vagues de sable se heur-
» tent, les plus hauts dattiers sont déracinés :
» quelques minutes suffisent pour combler une
» vallée. Ismayl va disparaître dans cette épou-
» vantable destruction. »

Cette description de M. de Forbin, où le talent du peintre se joint à celui de l'écrivain, a passé tout entière dans le tableau de Vernet ; c'est le vent du désert qui règne seul au milieu

---

» en Egypte par le nom de *Kampsyn*, mot qui signifie
» en arabe *cinquante*, et qu'on donne à ce vent désas-
» treux parce qu'il règne ordinairement pendant cin-
» quante jours. » (Voyez le Voyage de Forbin, p. 207.)

d'un océan de sables. On étouffe dans cet espace immense; une seule couleur rougeâtre, dégradée dans toutes ses teintes, suffit à la peinture de tous les objets. Le calme d'Ismayl, au milieu de cette grande convulsion de la nature, où il va trouver la mort, est une de ces oppositions fortes, sublimes, que M. Vernet semble rechercher, et qu'il excelle à rendre.

On aperçoit à peine la tête de Maryam, dans laquelle on peut trouver un souvenir de la charmante Atala de Girodet. Cette idée de la mort d'une vierge, qui ressemble à un doux et paisible sommeil, a passé de Bernardin de Saint-Pierre à M. de Châteaubriand, de celui-ci à Girodet, et de Girodet à l'artiste dont nous examinons les tableaux, et dont l'Originalité n'emprunte ordinairement rien à personne.

Le dessin, qui se trouve dans le salon de M. Horace Vernet, peut donner une idée de la belle et touchante simplicité de la composition; mais il faut avoir traversé le désert, ou avoir vu le tableau qui nous occupe, pour se figurer cet atmosphère de feu, ce sable étouffant, cet air insupportable à la pensée même, qui pénètre tout, qui dévore tout, et dont la teinte uniforme et accablante se refuserait à tout autre pinceau.

[N° XLIX.]

PORTRAIT

DE M. MACHADO,

CONSUL-GÉNÉRAL D'ESPAGNE,

Représenté à cheval.

Voyez ce fier coursier, noble ami de son maître;
Son compagnon guerrier, son serviteur champêtre.
(DELILLE)

M. MACHADO m'est inconnu; il me semble toutefois que j'ai fait, d'après ce tableau, connaissance avec lui. Il s'appuie si bien sur son cheval; il a l'air si vivant, si parlant, si animé, qu'on l'arrêterait volontiers, en le saluant, pour lui demander des nouvelles de l'Espagne et des Cortès.

Mais on admire surtout ce beau cheval. Quelle fierté! comme il va partir, s'arrêter, fuir avec rapidité, si son maître commande! Le lustre de son poil, le feu de ses regards, le caprice et la forme des taches de sa croupe, la finesse de ses jambes prêtes à commencer une course rapide, tout donne l'idée de cette *noble conquête*, sur laquelle la famille Vernet semble avoir usurpé un droit exclusif.

Dans ce tableau, les vêtemens sont supérieurement traités, sans être minutieusement détaillés, comme dans certains tableaux flamands.

[N° L.]

L'ATELIER

DE M. HORACE VERNET.

> Tous les goûts à la fois sont entrés dans son ame.
> (Voltaire.)

Je ne connaissais pas encore M. Horace Vernet, et j'avais le désir de me lier avec un artiste dont le pinceau brillant et les plus simples croquis attiraient déjà l'attention de tout ce qui, parmi nous, aime encore les arts et la patrie. Un de ses amis, peintre estimé, me donna pour lui, il y a quelques années, une lettre de recommandation. Je ne perdis pas un moment pour en faire usage, et, à mon grand étonnement, je pénétrai sans peine jusqu'à l'endroit où travaillait ce jeune peintre.

La solitude, la tranquillité, le mystère même, m'avaient toujours semblé nécessaires aux méditations du talent. Je m'étais fait d'Horace Vernet l'idée d'un homme absorbé dans l'étude de son art, recueilli en lui-même, plongé dans un profond oubli du monde extérieur, et accumulant dans la solitude les richesses qu'il prodiguait dans ses tableaux.

Je montais d'un pas timide, je craignais de toucher le pavé, et de troubler l'homme supérieur dans ses rêveries ou dans ses créations. J'avais vu tant de gens s'enfermer pour tailler des plumes, ou pour préparer leur palette, afficher par des airs profonds et une retraite mystérieuse, leurs prétentions au génie; que je m'étais accoutumé, comme le vulgaire, à attacher l'idée de supériorité au besoin du silence et du recueillement.

Cependant, à mesure que j'avançais, j'entendais un bruit confus; il augmentait à chaque pas; et, en approchant du sanctuaire, c'était un tapage plus bizarre et plus incohérent que le célèbre concert de Jean-Jacques. J'entr'ouvre la porte.... Quel spectacle!... Je reste immobile d'étonnement.

Une foule de jeunes gens occupaient dans les attitudes les plus diverses tous les coins de la salle, et paraissaient, comme dans les classes où les écoliers sont mis en retenue, livrés à tout le désordre des amusemens les plus bizarres.

Deux des assistans faisaient des armes, l'un la pipe à la bouche, l'autre vêtu d'un grand sarreau de toile bleue. Celui-ci donnait du cor, et ses joues, énormément gonflées, m'eussent averti de la quantité d'air qui s'en échappait, si mes oreilles, déchirées par d'effroyables sons, n'avaient rendu tout autre avertissement inutile : celui-là soupirait une romance; cet autre battait la générale; il y en avait d'assis, de levés, d'accroupis dans toutes les situations et dans toutes les poses.

Un jeune homme lisait à haute voix un journal au milieu de ce chaos; un autre peignait; un autre dessinait. Parmi les acteurs de cette scène tumultueuse, se trouvaient des militaires de tout grade, des artistes, des virtuoses, une chèvre, un chien, un chat, un singe et un superbe cheval.

Imaginez, si vous pouvez, quelle sorte d'harmonie devait résulter de cette confusion; joignez les roulemens de la caisse aux éclats du cor, au cliquetis des fleurets, au trépignement du cheval, aux gambades du singe, aux miaulemens du chat et aux aboiemens du chien; donnez à tout cela pour accompagnement les ris et les murmures des groupes, les discussions militaires, et le chant de la romance : peut-être vous ferez-vous une idée de l'effet de cette inconcevable symphonie. J'entrai.

L'un des combattans posa son fleuret, secoua sa pipe, et s'avança vers moi. C'était M. Horace Vernet.

C'est ainsi, m'a-t-il dit depuis, que se passent dans son atelier les heures de sa vie les plus laborieuses.

LE TABLEAU.

C'est la scène que je viens de décrire...... *Horace Vernet* s'escrime avec M. *Ledieu*, son élève. Le brave colonel *Bro* fume une cigarre avec M. *Langlois*, l'un des plus habiles élèves d'*Horace*. Le jeune homme, qui a le coude appuyé sur une table, et qui donne du cor, est *Eugène Lami*, autre élève d'*Horace Vernet*, et dessinateur plein de naïveté et de finesse. Ce boxeur, c'est M. *Montfort*; cet autre, c'est M. *Jemerville*. Je reconnais M. *Couturier Saint-Clair*, officier d'état-major, M. *Lariboissière* et le général *Boyer*; celui qui est assis et qui tient un buste, c'est le docteur *Hérault*, professeur d'anatomie. M. *Amédée de Beauplan* chante une des romances gracieuses, dont il a composé les paroles et la musique. Ces deux aides-de-camp sont M. le baron *Atthalin* et M. de *Montcarville*. M. de *Forbin*, directeur du Musée, tranquillement assis, sourit aux jeux et au vacarme de l'atelier.

On conçoit difficilement que l'auteur de ce tableau soit parvenu à rendre le tumulte et la confusion, la joie si vive et si bruyante qui anime cette scène bizarre. Des selles, des pistolets, des chapeaux de toutes formes, des armes de tout genre, des raquettes de paume, des harnais, des palettes, sont suspendus en trophée à la muraille. Dans un coin de la salle, j'aperçois le buste de Joseph Vernet, et plus loin le tableau de *Paul Émile*, sur lequel M. Carle Vernet, si célèbre pour les chevaux et les batailles, fut reçu à l'académie de peinture en 1789.

Tant de portraits d'une ressemblance parfaite et finement traités, une étonnante vivacité de couleurs et une pureté de dessin presque inconcevable, une lumière qui éclaire tout, sans contrarier aucun effet, un air qui circule parmi tant de personnages; enfin la grâce, la vie, le mouvement et le charme, voilà ce qui fait de ce tableau de chevalet, une des plus jolies et des plus précieuses compositions qui aient été exécutées.

COUP-D'OEIL GÉNÉRAL

SUR LE SALON

DE M. HORACE VERNET.

> Il a trouvé le secret de se créer un public avec un pinceau. Peut-être serait-il permis d'aller jusqu'à dire qu'il s'est fait une tribune, d'où ses vives et pittoresques improvisations réveillent tour à tour des sentimens nobles et touchans, humains et patriotiques. (KÉRATRY.)

Qu'est-ce que le talent dans les beaux-arts ? Une puissance donnée à l'homme pour reculer les bornes de la création.

Nous n'exagérons pas, par une imitation choisie de la nature, le pinceau sait la reproduire plus séduisante et plus belle, plus énergique et plus noble.

Les formes humaines grandissent avec Michel-Ange; le sourire angélique des vierges s'épure encore avec Raphaël; la beauté des expressions de l'ame s'ennoblit chez Le Poussin; la rondeur suave des contours s'amollit chez Allegri; le contraste du jour et de l'ombre devient plus piquant sous le pinceau de Van Rhyn; la fraîcheur et la force des teintes prennent un éblouissant éclat sur la palette de Rubens. Chacun de ces grands hommes a puisé dans l'étude seule de la nature le secret de la surpasser quelquefois en l'imitant.

Mais ce qu'il faut surtout remarquer, c'est que chaque maître n'a poussé ses conquêtes que sur une seule ligne, pour ainsi dire. Chez Lesueur l'expression vit aux dépens du coloris ; chez Rubens, le coloris vit aux dépens du dessin; Rembrandt achète les effets de lumière au prix de l'incorrection et quelquefois de l'invraisemblance ; et Michel-Ange sacrifie trop souvent à la vigueur étonnante de l'anatomie, la grâce et le naturel.

De là cette manière qui caractérise évidemment chaque peintre. L'amateur ordinaire distinguera un *Metzu* d'un *Teniers*, reconnaîtra un *Gérard-Dow* entre mille ; ne confondra jamais *Jouvenet* avec *Lebrun*, et vous dira, sans hésiter, si cette grande machine est d'*Andre del Sarte*, si cet effet de nuit appartient au *Bassan* ou à *Rembrandt*.

Un peintre, qui n'aurait pas de manière, et qui prendrait toutes les manières; dont le pinceau serait tour à tour étincelant de coloris, simple et profond d'expression, naïf dans l'imitation des choses communes, fougueux dans l'imitation des mouvemens désordonnés; un peintre qui emprunterait le grand goût de Vandyck pour faire un portrait; qui retrouverait la touche gracieuse de Berghem, pour faire un paysage; qui laisserait douter si cette mer n'est pas de Joseph Vernet; si ce ciel orageux n'est pas du Lorrain : un peintre qui, se jouant de son pinceau, lui commanderait tour à tour de prendre tel coloris, tel genre, tel ton, tel caractère; ce peintre, fût-il vivant, ne serait-il pas l'honneur de son pays ?

Tel s'est montré M. Vernet. Son style est de les avoir tous. Ceux qui ont parcouru notre ouvrage, ont déjà remarqué cette flexibilité qui tient du prodige; ceux qui ont vu ses tableaux, la connaissent bien mieux encore. Ils ont pu comparer cette couleur brillante, cette disposition habile et compliquée de la *bataille de Jemmapes*, à ce dessin pur, à cette admirable et simple composition du *Fanatisme espagnol*; ils ont vu que des *Marines* pleines d'effets savans, et finement traitées, se trouvaient auprès de ce portrait harmonieux et suave de Madame *Smith*, de ces portraits de la *Druidesse* et de la *Folle*, si vigoureux de couleur et si forts d'expression.

M. Vernet a saisi sous tous ses aspects l'imitation embellie de la nature : serait-ce trop dire que d'avancer qu'il a reculé sur différens points les limites de la création pittoresque ?

Il a cependant des caractères qui le distinguent : il est le peintre des émotions nationales ; il est, ainsi que M. Le Jeune, le poëte et le peintre des camps français.

Dans ce salon que nous venons d'ouvrir à ceux qui ne peuvent s'y rendre, quel grand souvenir de notre patrie n'est pas fixé sur la toile vivante ! Ici, le premier trophée de nos armes ; là, le dernier coup de fusil de nos braves ; la désastreuse guerre d'Espagne, la noble défense de nos places ; l'honneur de la magistrature et du barreau de notre époque, personnifiés ; l'un des acteurs de la guerre d'Amérique, l'un des défenseurs de nos libertés ; Boulogne et Huningue ; l'exil d'un prince et son retour ; l'enthousiasme de la poésie et celui de la peinture, de paisibles revues auprès des batailles sanglantes ; tout ce qui peint, tout ce qui caractérise notre siècle, semble avoir été convoqué dans ce salon.

Un trait plus distinctif, et plus intime encore, marque le caractère de talens de l'artiste. Il est le peintre du mouvement ; il saisit, non l'action qui finit ou commence, mais l'action qui s'exécute. Il y a dans ses tableaux de la fumée, de la poussière, du feu, du vent, une vie pleine d'impétuosité, on dirait presque du bruit.

Ce genre de talent lui est commun avec

Walter Scott, écrivain distingué et avec lequel on peut le comparer sans beaucoup d'efforts. Comme ce dernier, il peint par les détails, et en sauve la *vulgarité* par une fidélité naïve et des couleurs brillantes; comme lui, il aime le costume, les mœurs et la gloire de son pays. Il enchante et séduit, comme lui, le peuple et les savans, par des compositions, pour ainsi dire, improvisées.

Les artistes pourront récuser nos jugemens; ils n'auront pas de peine à nous trouver en défaut, quant à la partie matérielle et technique de cet art charmant et difficile. Ils répèteront peut-être ce vieil adage trop légèrement reçu parmi eux, « qu'à moins d'avoir manié la brosse, on
» ne doit point parler de tableaux. » Nous conviendrons volontiers de notre insuffisance à parler de la brosse, et nous nous contenterons de répondre : « que le public est le grand Jury
» auquel tout artiste soumet les créations de sa
» pensée; et qu'en notre qualité de membres
» de ce jury irrécusable, nous avons cru pouvoir
» voir transmettre à nos compatriotes les impressions
» pressions que nous avait laissées l'examen
» approfondi *du Salon de M. Horace Vernet.*»

SUPPLÉMENT.

LE GÉNÉRAL MAURICE GÉRARD.

(PORTRAIT EN PIED, N° LI.)

Au moment où nous achevons cette notice, nous nous apercevons, dans un dernier coup-d'œil jeté sur le salon de M. Horace Vernet, que le portrait du général Maurice Gérard vient d'y trouver place. Celle que le modèle occupe dans l'estime publique, nous fait une loi de lui consacrer les dernières lignes d'un écrit, où nous aurions voulu faire mention de tout ce qui intéresse la gloire française.

Le lieutenant-général Gérard s'est fait un nom immortel dans nos fastes héroïques. On n'oubliera jamais la part brillante qu'il eut au gain de la bataille de Wagram, les prodiges de sa valeur à la bataille de la Moscowa et dans toute la guerre de Russie: mais c'est principalement dans la sublime campagne de 1814, qu'il a mis le comble à sa gloire. Désormais, on ne prononcera plus le nom de *Montereau*, sans y associer le nom du guerrier qui sut, dans cette journée mémorable, rallier, avec tant d'éclat, la victoire fugitive à nos drapeaux malheureux.

Paris, en 1821, s'est chargé d'acquitter la dette de la France envers ce héros citoyen. A cette époque, le général Maurice Gérard a été nommé membre de la Chambre des députés. Le même collége vient de l'appeler aux mêmes fonctions et au même honneur, au mois de mai 1822.

LE PORTRAIT.

Le comte Maurice Gérard est assis sur une barrière de jardin. Sa pose est d'une négligence naturelle et d'une vérité parfaite. Il tient une longue pipe d'écume de mer : son costume est celui qui convient à la campagne, dans les beaux jours.

Ce portrait est traité avec un fini précieux. Quoique les couleurs en soient très-bien fondues, et qu'il y ait de la grâce dans la pose, il règne dans ce joli tableau une correction, un *arrêté*, un fini, qui le distinguent des quarante à cinquante autres compositions de M. Vernet. En forçant un peu cette manière, l'auteur aurait rencontré la sécheresse : il s'est arrêté au point précis où commençait le défaut.

FIN.

TABLE DES MATIÈRES.

Pages.

Préambule. 1

SALON D'HORACE VERNET.

I. — La bataille de Jemmapes. 9
II. — Défense de la barrière de Clichy. 28
III. — La jeune Druidesse. 38
IV. — La Folle de Bedlam. 41
V. — Marine grecque, appartenant à S. A. R. le duc d'Orléans. 46
VI. — Autre Marine appartenant à S. A. R. le duc d'Orléans. 50
VII. — Le général Morillo. 54
VIII. — M. Dupin, avocat. 57
IX. — Portrait de M. de Chauvelin, député. 61
X. — MM. Madier de Montjau, père et fils. 65
XI. — Le général Drouot. 68
XII. — Vue du Vésuve. 72
XIII. — La mort de Poniatowski. 75
XIV. — L'hospice du Saint-Gothard. 77
XV. — Une Odalisque tenant un sablier. 81
XVI. — Une Madelaine pénitente, appartenant à M. de Jassau, lieutenant des gardes-du-corps. . . . . . *Ib.*
XVII. — Joseph Vernet se fait attacher sur l'avant d'une felouque pour peindre une tempête d'après nature. (Ce tableau est le seul que M. Horace Vernet ait exposé au Salon du Louvre, en 1822.) 87
XVIII. — Portrait en buste de madame Smith. 91
XIX. — Le Soldat de Waterloo. 93
XX. — Le Soldat laboureur. 96

XXI. — Le deuxième régiment de grenadiers royaux, commandé par le général Talhouet............ 101
XXII. — Le Camoëns sauvant ses manuscrits du naufrage. 104

SCÈNES DE MOLIÈRE,

Pour l'édition nouvelle de M. Desoer.

XXIII. — Scène du Misanthrope. *L'assemblée*...... 107
XXIV. — Dénouement du Festin de Pierre......... 108
XXV. — Scène de l'École des maris............ *Ib.*
XXVI. — Scène du Cocu imaginaire............ 109
XXVII. — Scène de l'École des maris........... 110
XXVIII. — Scène des Précieuses ridicules........ *Ib.*
Coup-d'œil sur les six sujets tirés de Molière...... 111

XXIX. — La redoute de Kabrunn............. 114
XXX. — Une Marine.................... 118
XXXI. — Portrait d'Anisson-Duperron fils......... 122
XXXII. — Défense d'Huningue, appartenant à M. de Marigny......................... 124
XXXIII. — Portrait en pied de S. A. R. le duc d'Orléans. 127
XXXIV. — Une embuscade de guérillas.......... 129
XXXV. — Lanciers polonais se battant contre des guérillas........................... *Ib.*
XXXVI. — Portrait de F.-Ph.-L. d'Orléans, duc de Chartres, né à Palerme, le 3 septembre 1810....... 134
XXXVII. — Vue de Boulogne-sur-Mer à l'époque des préparatifs......................... 136
XXXVIII. — Scène de fanatisme espagnol........ 138
XXXIX. — Intérieur d'étable à vaches, fait d'après nature en 1818, dans le parc d'une maison à Sèvres, qui appartenait autrefois à madame de Coislin....... 143
XL. — Le massacre des Mamelucks, exécuté sous les yeux et par les ordres de Mehemed-Aly, pacha d'Égypte. (Ce tableau est au Luxembourg.)........ 145
XLI. — Un capucin en méditation devant un poignard. 148

TABLE DES MATIÈRES.

XLII. — Le duc d'Orléans passant la revue du premier régiment des hussards (Berchigny), en janvier 1815. 151

QUATRE MARINES.

XLIII. — Un moulin sur les côtes de Gênes. 153
XLIV. — Soleil couchant sur la mer. 155
XLV. — Le bateau des pilotes. . . . . *Ib.*
XLVI. — Une plage. Effet de soleil couché. . . . . . . *Ib.*

XLVII. — Portrait de M. Gabriel Delessert, en pied et en costume de chasseur. 157
XLVIII. — Ismayl et Maryam. (Ce tableau a été exposé en 1819. Il fait aujourd'hui partie d'un cabinet particulier. Le dessin lithographié se trouve dans le Salon de M. Horace Vernet. 1822.) 159
XLIX. — Portrait de M. Machado, consul-général d'Espagne, représenté à cheval. 164
L. — L'atelier de M. Horace Vernet. 166

COUP-D'OEIL GÉNÉRAL SUR LE SALON DE M. HORACE VERNET. 171

SUPPLÉMENT.

Le général Maurice Gérard. (Portrait en pied, n° LI.) 176

FIN DE LA TABLE.

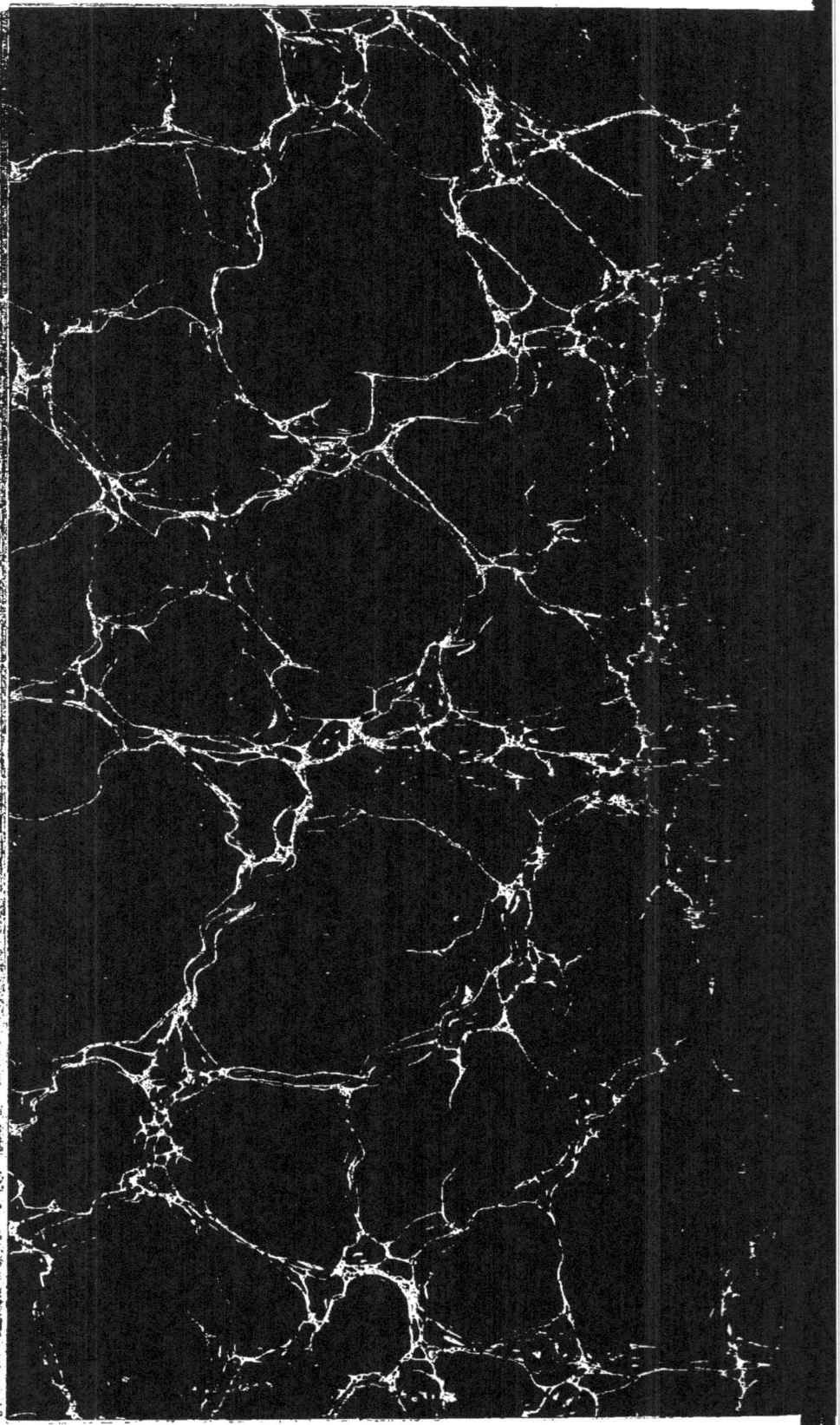

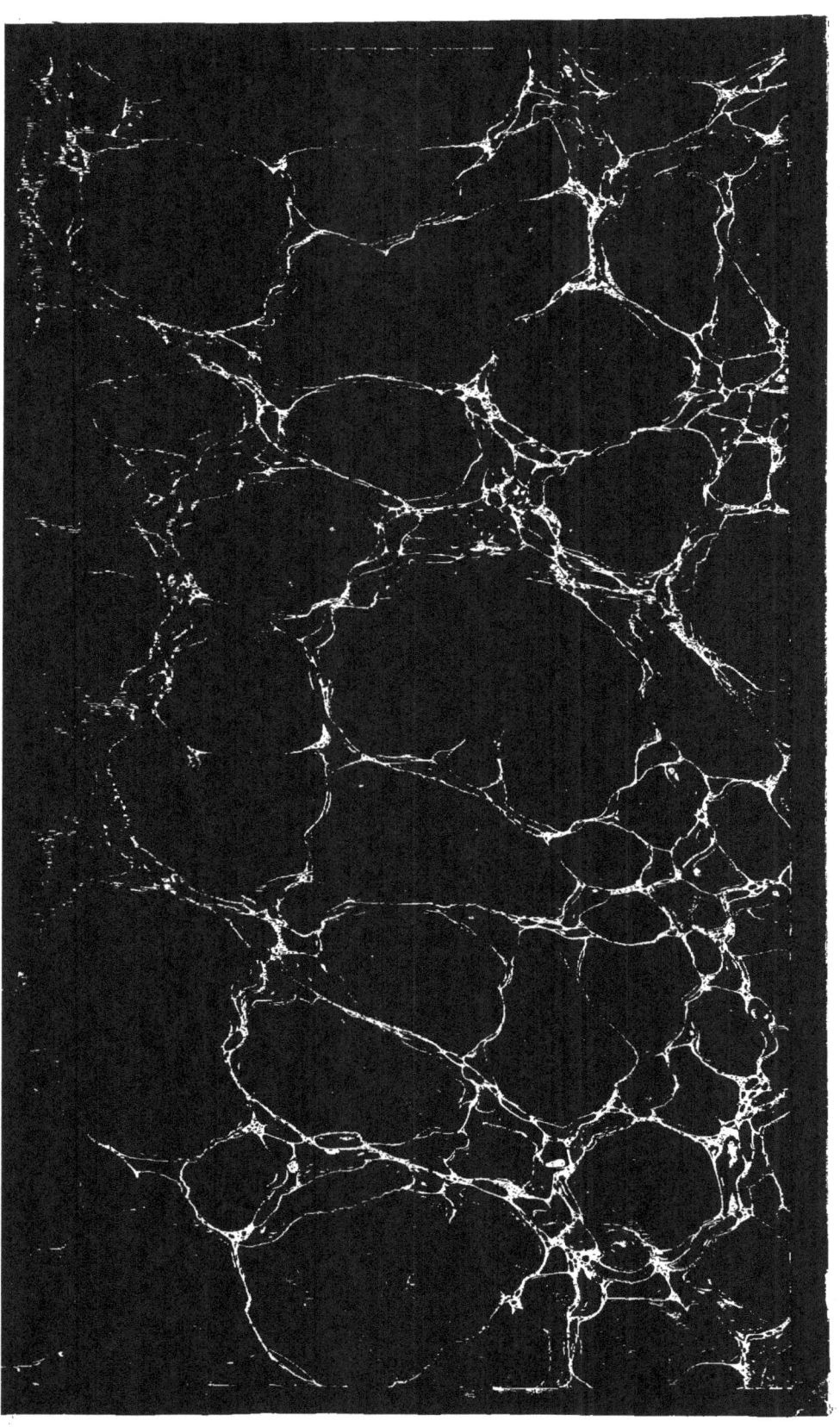

www.ingramcontent.com/pod-product-compliance
Lightning Source LLC
Chambersburg PA
CBHW071159240526
45470CB00017B/348